著

辜鸿铭

GU
HONG MING

评传

天津出版传媒集团

天津人民出版社

图书在版编目(CIP)数据

辜鸿铭评传 / 乐文城著. -- 天津：天津人民出版
社, 2016.11
ISBN 978-7-201-10544-4

Ⅰ.①辜… Ⅱ.①乐… Ⅲ.①辜鸿铭(1856-1928)
-评传 Ⅳ.①K825.4

中国版本图书馆 CIP 数据核字(2016)第 142258 号

辜鸿铭评传
GUHONGMING PINGZHUAN

乐文城 著

出　　版　天津人民出版社
出 版 人　黄　沛
地　　址　天津市和平区西康路 35 号康岳大厦
邮政编码　300051
邮购电话　(022)23332469
网　　址　http://www.tjrmcbs.com
电子信箱　tjrmcbs@126.com

责任编辑　玮丽斯
封面设计　明轩文化·王　烨

印　　刷　天津新华二印刷有限公司
经　　销　新华书店
开　　本　880×1230 毫米　1/32
印　　张　8.375
字　　数　100 千字
版次印次　2016 年 11 月第 1 版　2016 年 11 月第 1 次印刷
定　　价　25.00 元

序 言

　　在我出版的多部作品中，除了一部是长篇小说，其余都是人物传记。我喜欢写人物传记，特别是知识分子人物传记。知识分子思考的往往是两方面，一是社会，一是个人。这都与我们休戚相关，因此，了解知识分子的生平及其学说，对我们大有助益。

　　以前我写过一套儒释道知识分子人物传记，包括王阳明传、佛陀传和丘处机传，均由江苏文艺出版社出版，而最近，我又把目标锁定在了民国。"民国"是一个社会变革、思想激荡的时代，知识分子在乱世中寻找出路，总结过去，构想未来，他们的思想有着更多的广度和深度。

　　在"民国"知识分子中，辜鸿铭不是主流。在大多数人印象里，他是一个相当古怪的人，留着辫子，戴着瓜皮小帽，在炮火纷飞的乱世中，冷眼看世界，拥护纳妾，称赞小脚，不管别人怎么批评都坚持己见。

辜鸿铭知道自己的意见不会被采纳，只会被人当作神经病，他习惯甚至接受了这一点，可是他不会因此妥协和忍让。他的言辞充满了批判性，敢于直言。生活中，他见到德国人，就用德语骂，见到法国人，就用法语骂，不把他们骂得心服口服，不会罢休。

"民国"时期，大家对辜鸿铭不愿搭理，他的学说理念也不受重视。在新文化运动盛行之时，他只是被当作顽固守旧人士撇在一边。后来，他逝世了、没落了，更少有人提起他，一旦说起，也只局限于他关于纳妾和缠足的一些趣闻轶事。

我们误会了辜鸿铭。

我看辜鸿铭的作品时，常惊叹于他的思想和见解。拥护纳妾，称赞缠足，只是他学说之中的一小部分，并且是最微不足道的一部分，而我们却因此绝少去关注他。其实我们错失了很多东西。

在清末的时候，辜鸿铭就预言：引进西方文化，必定会使中国变成一个重利轻义的国家，最后弱肉强食。19世纪的西方文化有着众多弊端，这在学术界已经有了定论，中国文化有其优越性，当下的国学热以及国家对传统文化的提倡，也印证了这一点，而辜鸿铭所持的，正是这一观点！

当我了解到这些，我深深地感到，辜鸿铭是一个不该被遗忘的人，因此为他写了一部传记。我的能力尚有很多不足，但希望以此能使大家关注到他。而关注到他，也就关注到了中西文化的问题。

在21世纪的今天，社会不断变革和发展，问题与机遇并生，我们更要把辜鸿铭所思考的问题重新思考明白："在市场逻辑强势入侵的时候，我们该如何坚守社会的文明？"

2015年8月

目 录

第一章　被误解了一百多年的知识分子

一、辜鸿铭应该被原谅

　　辜鸿铭在活着的时候一直被人所误解，逝世之后仍然被误解，到如今已经被误解了一百多年时间，看这趋势还将一直被误解下去。顽固、守旧、怪诞、疯癫的称号，大概一时半会儿是拿不掉了。比起朱熹被误解了八百多年，墨子和杨朱等人被误解了两千多年来说，辜鸿铭只区区被误解了一百多年，还是相当值得欣慰的一件事。但不管对谁来说，被人误解毕竟是不太愉快的。

　　如果说，辜鸿铭是因为参与张勋复辟才被人打入冷宫的,那么当初那个领导戊戌变法的维新派康有为,同样也参与了复辟,怎么没见他被打入冷宫;如果说,辜鸿铭是因为崇尚传统文化而被打入冷宫的,这同样也说不通,甘地、泰戈尔、列夫·托尔斯泰等人,对自己民族的文化都相当推崇,抵制西方文化,现如今他们可都成了世界级的大师。

或许我们应该从辜鸿铭的嗜好来探究他被人误解的原因,可能是他喜爱小脚的怪癖让他不被重视,但他对小脚的喜爱,在整个缠足文化流行的近千年之间,程度只是相当一般的,这并不应该成为他被人遗忘的理由。至于他拥护纳妾,当然很受批评,但是想想清末民初那个最具影响力的知识分子康有为,他曾极力主张一夫一妻制,结果六十多岁还纳了一个妾。比起这种口是心非、言行不一的做法,辜鸿铭并没有理由受到更多、更严厉的批评。

我们说,我们误解了辜鸿铭,也就是说,我们对他的评价,其实是不贴切的。我们总以为他是一个顽固派,其实并非如此。在日本演讲的时候,辜鸿铭也提到了这一点。他说在中国他并不受到重视,别人都认为他顽固,认为他的思想是非常保守、非常反动的，是旧中国的人物——这还是一些相当委婉的说法，其实别人都认为他是神经病；但辜鸿铭说了，这些都是对他的误解。

倘使我们真正理解辜鸿铭的话，就会发现，他是一个十分有气节的知识分子。他从来不趋炎附势，在张之洞帐下做了十八年的幕僚，他的职位没有升迁过，薪水比不过一个四等助手，这真是很伤他在西洋诸国培养起来的自尊心。但是他依旧没有改变自己的志向，在所有人不顾一切追求财富的时候，他却一心一意地思考着人类文明的问题，思考着恢复社会的秩序。

辜鸿铭被人遗忘，其实是出于政治方面的考量。在当时，西方入侵，中国社会经历着内忧外患，是一个非常态的社会。在那样的社会背景下，大家都在追求国家的富强，而顾不上文明的问题，正因此，辜鸿铭的学说在当时才会不受重视。而在那时的西方世界，社会的富强已经实现了，文明的问题却日益凸显，这也就是为什么辜鸿铭的学说会在西方世界流行并且轰动一时的原因了。

现在，一百年过去了，社会发展了，国家兴盛了，我们并不需要再像清末时期那样满心迫切地追求富强了，如今摆在我们面前的，是社会文明的问题。如果在一百年以前，我们误会辜鸿铭还是情有可原的，那么时过境迁，现在我们不应该再用以前的目光来看他了，我们应该重视他，把他提出的问题再思考一遍，问问自己，在市场逻辑强势入侵的时候，我们该如何坚守社会的文明？

我们提到辜鸿铭，最先想到的总是他的怪异，想到他对缠足的嗜好和对纳妾的支持，他简直成了腐朽和顽固的代言人，以至于他对社会与文明的思考，我们从来没有关注过。事实上，辜鸿铭的诉求和同时代所有的知识分子是一样的，都希望国家能够强盛，只不过在如何实现这一点上，他与别人有着分歧。

晚清，西方列强攻入国门，人们迫切渴求的，就是国家能够强大，能够有坚甲利炮抵御外来入侵。辜鸿铭对此并不反对，他早就清晰地认识到了这一点。物质带来的阻碍，是控制和征服物质的力量，这确实需要我们留心并着力去解决。西方在这方面所取得的成功，也的确令人瞩目，但物质的发展必须建立在保持社会文明的基础上。

西方的入侵让我们看到了他们的强大，可如果我们只盯着他们在物质方面的强盛，盲目地学习这一点，而忽视社会文明，致使对物质的追求超越对文明的追求，导致文明的丧失，那么，这种物质的强大，不如不要。因为，比起物质力量来说，我们更需要控制和征服人类心中的激情。这种激情比物质力量更可怕，一旦被激发出来，将产生更大的危害。

辜鸿铭很早就注意到这个问题了，而身处内忧外患中的人们并没有意识到这一点，直到民国初期，在追求物质的发展上经历了一系列失败后，大家才注意到了文明问题。这时的辜鸿铭与主流思想界仍然有着分歧，即中国的强盛，应该建立在传统文化之上，还是建立在西方文化之上？辜鸿铭坚定地赞成前者，由此与以胡适和陈独秀等人为代表的新文化阵营势成水火。

一百年前，辜鸿铭的论调是不被看好的，一百年后，我们重新审视，就会发现，辜鸿铭的观点并不像当时人所认为的那样落后和腐朽。那个时代提倡的西方文明，也并不是如今的西方文明，而是19世纪的西方文明，是强权与殖民、优胜劣汰和丛林法则。引入这样的文明，可以在短期内使国家强大，但是从长期来看，必然是对社会的一个破坏。辜鸿铭在晚清时就预言了这一点，可当时他的预言不但不被认可，还被嘲笑，不幸的是，他的预言却最终成真。

今天，我们成功地引进了西方文明，我们的教育不再培养自由的人格和博雅的知识，而是变成了培养学生的竞争力和工作能力。经过几十年的发展，国家取得的成功有目共睹，但辜鸿铭所忧虑的——西方文明将使社会整体的道德滑坡，也慢慢出现了。生活在当下社会的每个人都切身感受到了这一点，于是，不管是官方还是民间，都在积极倡导着中国的传统文化。这间接地证明了，辜鸿铭的观点对社会确有助益。

二、缠足：金莲崇拜的背后是什么

谈到辜鸿铭，我们最先想到的总是他对小脚的喜爱。辜鸿铭可能是近代最著名的金莲崇拜者了。

辜鸿铭还有一段对比中国缠足和西方束腰的妙语，他认为，中国的缠足无疑比西方的束腰更优胜。从视觉审美角度来看，缠足有瘦、小、尖、弯、香、软、正的优点，是束腰无法比拟的。从功能审美角度来看，比之束腰，缠足对妇女的危害也不大。这确实是事实，束腰过度，挤压内脏，对妇女身体的摧残远比缠足严重，西方妇女因束腰而死去的案例，确有不少。

辜鸿铭喜欢小脚，这一点毋庸讳言，但是对于他的这一嗜好和由此引来的趣闻，说来说去也不过就这么一点儿，由此彻底否定辜鸿铭，连他的学说都不愿意再去思考，实在是太冤枉他了。我们不得不说，在这件事上对辜鸿铭的评价，其实是不全面的，我们延续了"五四"知识分子对缠足最浅薄的看法，只简单地从道德层面来看待这件事，没注意到缠足在发展过程中呈现出来的复杂性。

　　缠足的起源或许是出于一种罪恶，辜鸿铭认为缠足是女性为了不过度劳动而主动选择的一种自我保护措施，这并不贴切。现代对于缠足的起源有多种看法，我们从心理学、社会学、经济学和符号学等角度来探讨缠足出现的原因，这些分析有一个共同的特点就是，女性在其中都处于受压迫的地位。

　　"五四"知识分子批评缠足，正源于此，认为这是对女性身体的摧残，是一种非常野蛮和不人道的习俗，但是这些知识分子忽视了非常重要的一点，那就是妇女自身的能动性，她们的主动选择。在"五四"知识分子眼里，妇女就好像一块任人塑造的橡皮泥，只被动地接受着社会对她们的摧残，毫无选择的余地，但我们深入探寻缠足的发展历程，就会发现，事情并非如此。

　　对妇女自身来说，当时的社会，男性以女性的脚是否够小够正来评判女性。这种评价的准则虽然不公正，但确实是当时社会的现实。这一评价的态度也影响了女性自身,她们为了获得地位和认可,缠小自己的足,并为自己拥有一双小脚而骄傲。

我们追溯缠足发展历程的复杂性,就会发现,缠足的每个阶段都与利益息息相关。男人们为缠足塑造了一种文化上的尊贵性,让女人把缠足当作一种荣耀。她们把脚缠得越小,男人们的巴掌就拍得越响,于是女人就奋不顾身地把自己的脚裹小。但是,在这背后更深的却是经济原因,缠与不缠,都与利益争夺纠结在了一起。

旧社会,媒婆看一位女性,并不是看她长得怎么样,而是看她的脚是否缠得好。旧社会男女双方并不是自由恋爱走到一起的,而是父母包办婚姻。结婚之前,双方可能连面都没见过,因此,男方无法通过女方的言行举止了解她,而缠足就成了了解女性的一种途径。从女性的角度来讲,把自己一双脚缠好,能彰显自己的勤劳与精巧,借此获得男性的关注与认可。

清末民初,改良派和启蒙知识分子们一再要求政府废止缠足,其部分原因同样也是出于利益考量:废止缠足,以免被外国人讥笑,无法获得与之平等的地位。他们当然也从道德方面入手批判缠足了,不过真正起作用的,是经济原因。在缠足兴盛的八百多年间,道德家们对缠足一直都有批评,但之前的批评没产生多大效果,正是因为那时的缠足并没有触及经济利益。

民初时阎锡山在山西推行放足运动,以现代的眼光来看,这一措施对妇女极为有益,我们想当然地会认为,妇女一定非常欢迎,结果却不是这样,这一政策遭到了社会强烈的反对,有的地方甚至发动武装抵抗。

部分妇女因为担心放足后会被拉去打仗,反而把脚缠得更紧了。后来日本侵华,妇女发现缠了足不利于自己逃命,这才不愿意缠足了。不管是因为担心被拉去打仗而继续缠足,还是担心被日本兵抓获而实行放足,都是出于自身利益的考量,由此我们更能看出缠足之中的利益纠葛。

清末民初的启蒙知识分子,特别是"五四"时期的知识分子,他们对缠足的批判,出发点值得赞扬,但他们单单从道德方面入手去批判,其实并未抓到根本,从结果上来看,他们的做法也危害不小。当历代文人塑造起的缠足文化尊荣被他们摧毁之后,在时代审美逆转的情况下,缠足妇女所遭遇的痛苦和焦虑,是难以计量的,而这一点却被人们有意无意地忽略了。

相比来说,辜鸿铭喜欢缠足,尽管落后,但是把他的这一嗜好放在整个文化和历史的脉络下去看,是值得原谅的,他不过也是被历代文人塑造起来的错误文化欺骗了而已,就连苏轼和唐伯虎等文化大师都歌咏过小脚呢,辜鸿铭对缠足的喜爱实在很一般。而启蒙知识分子歧视女性,认为缠了足的妇女是废物,毒害国家,甚至一些官僚还要求男性佩戴袖章,发誓不与缠足女性结婚等等,这些极端的做法无疑也是有害的。

辜鸿铭拥护纳妾和他喜欢小脚一样出名,对于中国特有的缠足和纳妾习俗,西方人一律非常反对,中国人对此却态度不一。缠足大家都批判,对于纳妾,批判却并不严厉。关于纳妾有两则与辜鸿铭有关的著名趣闻,我们会发现,其中质问辜鸿铭纳妾言论的,都是外国人。

当别人质疑辜鸿铭,认为一个男人无法调和几个女人,辜鸿铭答道,男人好比茶壶,女人好比茶杯,一个茶壶可以配多个杯子,一个男人为什么不能配多个女人?还有一次,一个德国贵妇人诘问辜鸿铭,如果一个男人可以娶多个女人,一个女人是不是也可以拥有多个男人呢?辜鸿铭不慌不忙地答道,一辆汽车有四只轮胎,可我们备着的打气筒就只有一个呀。

在这些故事中,辜鸿铭都用比喻为纳妾辩护,这些比喻虽然精辟又有趣味,但在逻辑上是无法成立的。一个茶壶配四个杯子,可以证明一个男人能娶多个女人,那么,一个钥匙开一把锁,岂不是反过来就证明了,一个男人只能娶一个女人?其实,辜鸿铭说这些话只不过是出于调侃,他真正拥护纳妾,是基于这样一个理论:从整体上讲,纳妾有助于增进社会的福利。

在文章中,辜鸿铭详细地阐述了他支持纳妾的理由,这些理由并不像他的茶壶理论和打气筒理论一样,认为一个男人娶多个女人是出于自然。恰恰相反,他也认为这么做有弊端,但出于社会整体的福利考虑,辜鸿铭觉得这种做法是值得原谅的,包括他看待儒家的婚姻制度也是如此,他赞同是因为那种制度有助于增进社会整体的福利。这是典型的功利主义者的观点。

现在我们对功利主义有着很大的误解,一般人望文生义,总认为功利主义就是指凡事都从利益方面去考量,自私自利。这种看法是错误的,功利主义者确实都是从利益得失的角度来衡量人们的选择,但衡量的尺度并不是金钱,最终的目的,是增进人们的幸福感。功利主义者孜孜追求的,就是增进全社会的福利。在法律和政治中,这一看法对其的影响是显而易见的。

辜鸿铭的发心值得谅解,但他的观点仍然有一个重大的弊端,那就是纳妾践踏了人类的尊严和个体的权利。我们遵从儒家的婚姻制度,确实可以使家庭得以稳定和持久,但个人在其中却往往得不到幸福。问题是,我们应该更注重社会整体的稳定,还是更注重个人的权利呢?

三、马来西亚槟榔屿的贵族

要了解辜鸿铭，我们必须撇开对他的成见，以一种公正客观的态度来看待他，这样才能看懂他。现如今我们看辜鸿铭，更多的是出于一种调侃的心态，津津乐道他的一些趣闻，而忽视了背后的文化含义。我们投射在辜鸿铭身上的目光，是站在当代人的立场上的，或者是延续了"五四"知识分子的偏见。往往我们提起辜鸿铭的时候，先入为主地就会给他定位，给他贴上一系列标签。

只有放下这种态度，对辜鸿铭才能有一个深入恳切的了解。辜鸿铭于1856年7月19日出生在马来西亚的槟榔屿，名汤生，字鸿铭，号立诚，自称慵人，祖籍在福建厦门，祖先大约是在康熙乾隆年间漂洋过海的。辜鸿铭出生于南洋，在西洋求学，青壮年时期在北洋政府做官，娶回来的姨太太是东洋人，所以他又自称东南西北人。因为酷爱《易经》，晚年他又自号"汉滨读易者"。

辜鸿铭的曾祖父名叫辜礼欢，早年也是一个穷苦的劳工，靠打渔为生。在1786年的时候，英国殖民者赖特率领一支船队抵达槟榔屿，他们在岛上插上国旗，把槟榔屿更名为威尔斯王子岛，然后就说这岛是自己的，谁不服就打谁。就这样槟榔屿成了英国人的殖民地。原本这里是荷兰人的地盘，荷兰人竞争不过英国人，只能把目标转移到印度尼西亚那边，英国人由此入住槟榔屿。

　　赖特登岛的时候，辜礼欢作为代表，向赖特赠送了一张渔网。虽然这份礼物非常轻微，但却让赖特感到惊喜不已。他是来抢劫的，这样居然都有人欢迎他，肯定是他万万没有料到的。这让他觉得，辜礼欢实在是太好了。后来赖特在槟榔屿站稳脚跟后，就把辜礼欢委任为首任"甲必丹"，让他成了当地人的首领，职责主要是帮着英国殖民者处理当地人之间发生的一些小的刑事案件。

　　辜礼欢从此改行经商，开辟胡椒园，投标酒税，生意做得非常成功，成了当地十分有威望的一个人。去世时留下8个男孩、3个女孩。其中的辜龙池，就是辜鸿铭的祖父，在当地政府中任职,一生颇有建树。

辜鸿铭的父亲名叫辜紫云,供职于槟榔屿一处橡胶园中,与那里的英国牧师布朗关系十分融洽,后来被委任为橡胶园的负责人。对于辜鸿铭的母亲,我们知道的资料就很少了。辜鸿铭从来没有谈起过他的母亲。周作人曾指出,辜鸿铭的母亲是欧洲人,我们并不能够确定这件事,不过这确实是很有可能的。看辜鸿铭的长相,眼睛、眼窝、鼻子等等,明显都有一些西洋人的特征。

辜鸿铭对中国、对中国文化、对中国政教的热爱,这是有目共睹的,那些拼命批评辜鸿铭顽固的人,也不会去否认他的爱国心。这与他的经历是分不开的。他生于南洋,中国对他这样的华侨家庭来说,是一个遥远的梦。华侨虽然远走海外,但是并没有忘记祖国,反而因为离开了,使他们对祖国的眷恋更加深厚。辜鸿铭从小就接受这种文化的熏陶,因此对中国一直都充满向往之情。

据《马来纪年》上讲,很久以前,马来西亚还没有中国人,当时那里被印度人占领。印度要各国向他们纳贡,所有的国家都臣服了,可中国人居然完全不睬他们。这让印度人非常愤怒,他们决定率领大军去攻打中国。印度那时率领的大军足有120万,这让中国皇帝觉得,还是不要和印度打仗比较好。

大臣们为皇帝出谋划策,几个年老的大臣想出了一个计谋。他们带着一支船队,来到了马来西亚,船上载着一棵大树。印度人见到之后十分惊奇,问他们从哪里来?他们说,自己是从中国来的。印度人问,中国离这里有多远?他们说,他们也不知道中国离这里有多远,总之,他们来的时候年纪还小,现在已经满头白发了,船上的树是当时落下的一粒种子,如今都长成了参天大树。印度人听了这话,大吃一惊,收起了想要攻打中国的想法,班师回印度去了。

这个故事其实是瞎编乱造出来的,中国人最初来到马来西亚,其遭遇是相当悲惨的。沿海的一些渔民为了生计,想要外出谋生,结果被成群结队地骗上海船,贩卖到了马来西亚。不过这么悲惨的经历大家是不愿意说出来的,于是编造了一个神奇的故事。辜鸿铭听着那故事长大,因此对中国人的智慧和勇敢神往不已。

因为热爱中国,辜鸿铭从来都说自己是中国人,虽然在当时中国孱弱不堪,但他仍然以身为中国人而自傲,仍然认为中国文明优于西方文明。

在1867年,辜鸿铭十岁前后,与他家交好的布朗神父带着他去欧洲求学。布朗夫妇没有生育孩子,他们一直想要一个,据说几年来他们走遍了全世界,要找一个聪明孩子,可惜都没有找到。辜鸿铭出生之后,布朗夫妇看他聪明伶俐,高兴得如同唐僧取到了真经似的,立即把他过继为自己的孩子,并决定带他到欧洲去,接受当时最先进的教育,好好锻炼他,把他培养成材。

虽然辜鸿铭就此要离开家乡,不过他的父亲辜紫云还是同意了。离开前他叮嘱辜鸿铭,不管以后他身边是英国人、德国人还是法国人,他都要记住,他是一个中国人!这一点辜鸿铭是记住了,从他后来的做法可以看出,他记得是多么牢。此外辜紫云还叮嘱了辜鸿铭两件事,一是不能进耶教(基督教),二是不能剪辫子。不过这并不确切,有资料表明,辜紫云自己可能就是一个基督教徒。

辜鸿铭跟着布朗夫妇离开了马来西亚。布朗是一个文化保守主义者，他对工业文明的鞭挞是相当严厉的，但是，与其说他保守，不如说他相比经济的强盛来说，更注重人类文明的发展。布朗虽然是一个商人，但归根结底，他是一个神父。他是通过神学的管道获取地位的，这和工业文明之中人们通过经济的管道获得地位不同，两种不同的管道势必会引起冲突。

在当时，西方社会也确实暴露出了很多问题，资本主义的制度之下，人与人之间的关系变得淡漠和利益化，社会失去了公正，道德渐渐沦丧。为了利益，人们都不择手段，国家甚至出动军队，发起战争，侵略别国，以此使得利益最大化。西方的社会，经济的确是高度发达的，但是背后的精神和文化危机，却也相当严重。这引起了许许多多人的忧虑，布朗就是其中之一。

相比西方来说，布朗更喜欢中国，他觉得中国文化是相当卓越的，正好可以医治西方社会的弊病。那时候西方国家都想着侵略中国，在中国攫取最大的利益，但是西方的学者，却更愿意向中国学习，从中国的文化之中汲取养料。布朗就是这样期待辜鸿铭的，他带辜鸿铭到欧洲求学，但是这还不够，等辜鸿铭学完之后，还要再回到中国去学习，贯通中西文化，从而给世界指出一条正确的路。

四、科学世界与文学世界的截然不同

辜鸿铭跟着布朗来到了苏格兰，按照布朗的计划，他打算让辜鸿铭在英国学好语言和人文科学，然后就送他到德国学习自然科学，接着把他送到法国，学习政治和了解人情世故，最后再把他送到中国，学习中国的传统文化，一言以蔽之，就是把所有先进国家的卓越文化都学到手。在苏格兰期间，布朗把辜鸿铭送入当地一所贵族学校，后又转入一所文法学校，接受语言和文学的训练。

在这期间，布朗还请了一个家庭教师，教辜鸿铭学习物理、化学和数学方面的知识，有时候布朗还亲自教辜鸿铭。

他教辜鸿铭学习歌德的《浮士德》，他不跟辜鸿铭讲解，就让辜鸿铭背，先把整本书背下来再说。当时辜鸿铭只有十来岁，跟他讲解他也理解不了，所以要他背。如果辜鸿铭是个印度人，背书是难不倒他的，印度人随随便便就能背出几万言，辜鸿铭却没这本事，所以特别痛苦。

背了半年，辜鸿铭总算大致把《浮士德》背熟了，但完全不知道这本书到底讲了什么，他希望布朗能跟他讲解一下，布朗却不讲，要他继续背，等他彻底背熟了才讲。直到一年之后，辜鸿铭把书背熟了，布朗才给他讲解。

学了《浮士德》之后，布朗又开始教辜鸿铭学莎士比亚，还是老样子，要他把书背熟了再说。因为有了之前的基础，这回辜鸿铭背得快一点儿了。原本布朗计划，每半个月学一部莎士比亚的戏剧，不料辜鸿铭已经背出了功力，越背越快，最后布朗调整了计划，每半个月让辜鸿铭学习三部莎士比亚的戏剧。仅仅用了一年不到的时间，辜鸿铭就把莎士比亚的37部戏剧给全部学完了。

学习《浮士德》和学习莎士比亚，辜鸿铭都有自己的见解，他对布朗阐述过他的想法。学《浮士德》时，辜鸿铭说："我觉得科学知识是物质世界的变化规律，越研究越细密，越细密越清楚。文学知识是精神世界的变化规律，越研究越渺茫，越渺茫越糊涂。我看浮士德这人，不是什么好人，上帝不应该派天使救他。至于文学词句的深奥难懂，与科学词句的简明易懂，差别就大了。"

学莎士比亚的时候，辜鸿铭对比《浮士德》，阐述道："莎士比亚反映现实生活，是是非非，清清楚楚，一望而知，不似《浮士德》哲思深远，是是非非，恍恍惚惚，没法分辨。至于文字，莎士比亚、《浮士德》，都美妙极了。"

辜鸿铭的想法不管是否到位，他能这么讲，说明他已形成了独立的思考能力，有自己的理解，这些都是难能可贵的，可见这时他已经有一定的思想基础了。鉴于此，布朗决定进一步，不再教辜鸿铭学习戏剧，开始教辜鸿铭学习散文了。他挑选了英国著名历史学家、文学家卡莱尔的代表作《法国革命史》，要辜鸿铭背。

辜鸿铭背了那么久的书，想当然地以为背书已经难不倒他了，没想到事情不是这样的。之前的戏剧其实还算是好背的，散文才让他知道厉害呢。《法国革命史》这本书他背了三天，就急得哭了起来。这三天里面，他每天背三页，但背不出来。布朗知道后，让辜鸿铭减慢进度，每天背一页就可以了。辜鸿铭听从布朗的话，调整了进度，慢慢背，慢慢读，事情就渐渐顺利起来了。

布朗的这种教学方法，给辜鸿铭打下了坚实的基础。当时辜鸿铭还不了解自己从中受益了多少，但是多年之后，他越来越发现，精熟名家的作品是多么重要。后来他在北大教英文，学生们问他该怎么学习才能事半功倍，他马上毫不犹豫地回答说："背熟一部名家著作做根基。"无独有偶，我们国家之前的私塾教育，同样也注重学生的背诵。

第二章 欧洲求学和做幕僚的不凡经历

一、卡莱尔:让辜鸿铭深受教益的老师

辜鸿铭在苏格兰接受了4年的教育, 随即前往德国, 先后进入德国柏林大学和莱比锡大学, 获得哲学博士和土木工程学位。在之后的求学生涯中, 辜鸿铭还相继获得了文、理、工、哲学等十几种文凭和学位。

在德国待了3年,1873年的时候,辜鸿铭又重新回到英国,进入爱丁堡大学,学习英国文学,同时兼修拉丁文、希腊文、数学、形而上学、道德哲学、自然哲学和修辞学等。他拜在了卡莱尔门下,即《法国革命史》的作者,著名的历史学家

和文学家，并深受其影响。在爱丁堡大学期间，辜鸿铭刻苦学习，业余时间总是泡在图书馆里面，这极大地丰富了他的学识和思想。

1877年，辜鸿铭从爱丁堡大学毕业，以优异的成绩获得了爱丁堡大学文学硕士的学位。这时的辜鸿铭年仅19岁，但他极高的学术素养已让不少学者大师都不敢小瞧了。他开口闭口引证出一大堆名人的话，那种角落旮旯里的知识他都知道，以至于那些看书少一点儿的人，都不敢跟他交流了。

从爱丁堡大学毕业后，辜鸿铭去了法国，就读于巴黎大学。布朗安排辜鸿铭住在朋友家，邻居是一位名妓。辜鸿铭对这样的安排感到很疑惑，不知道布朗为什么要这么做。布朗向辜鸿铭解释说，他的意图是要让他看清上流社会的面目，看清社会的真实情况，看看那些满口仁义道德的政客和名流，他们的面目到底是如何的。布朗这样一解释，辜鸿铭就明白了，并对此感到由衷佩服。

后来辜鸿铭和那位名妓成了很好的朋友，辜鸿铭教她学习拉丁文和希腊文，空闲的时候，他们常常聊天。辜鸿铭惊讶地发现，这位名妓不仅有学习方面的天赋，知识还十分渊博，居然连中国的唐诗她都懂，实在是太厉害了。

有一天，那名妓带了一位年老的教授来见辜鸿铭。他知道辜鸿铭是卡莱尔的学生，特地来拜访他，跟他说了很多话。教授本身是学法律的，对社会主义、共产主义充满好感，他对辜鸿铭说，他一心想着要写一部社会主义、共产主义法典。

那位教授还跟辜鸿铭谈到了中国的《易经》，说到《易经》时他痛骂黑格尔，认为黑格尔是个大骗子，他的学说明明就是从《易经》中来的，他深受《易经》的影响，却不承认，反而掉过头来批评《易经》，实在是太不地道了。教授告诉辜鸿铭说，以后有机会一定要好好学习《易经》，这是人类文明的宝库。这话辜鸿铭听进去了，后来他非常热衷《易经》，晚年的时候更是爱不释手。

在所有的老师中，爱丁堡大学的卡莱尔是对辜鸿铭影响最大的一个。辜鸿铭进入爱丁堡大学的时候，卡莱尔已经年纪大了,讲课通常由他的大女儿代理,不过他也常常来到课堂,回答学生的一些问题,偶尔作作总结。辜鸿铭非常崇拜卡莱尔,千方百计地要接近他,甚至还跑到他家里聆听。卡莱尔确实给辜鸿铭带来了很深的影响,我们看他后来写的文章,动辄引证卡莱尔的名言。

卡莱尔受康德、费希特和德国浪漫主义的影响比较深,对资本主义的鞭挞是相当严厉的。资本主义社会的拜金现状,让他非常气愤。工业革命以来,社会高度发展,但是人与人之间的道德观念却渐渐消失了。当经济代替道德成为人们获得地位的管道时,社会的道德约束几乎在很短的时间内就垮掉了。这是卡莱尔深深忧虑的事情,因此对资本主义,他完全没有好感,一直在批评。

我们知道,资本主义是以自由主义哲学为根基的,资本主义就是自由主义的建制化。而自由主义最大的特点,就是强调个人的权利神圣不可侵犯。表现在经济领域,自由主义者认为,恰当的经济制度应该是这样的:放任市场自由地调节,而不加以干预。在自由主义者看来,调控市场,是对自由的一种侵犯。

资本主义最初实行的正是这种放任自由的经济制度，在资本主义社会初期，这种经济政策确实有助于增加社会财富，但同时也制造了很多问题。一百多年发展下来，问题不断暴露，对内贫富不均、两极分化，社会矛盾日益尖锐；对外趋于殖民侵略，导致军国主义。从效果上看，这很糟糕，但从自由主义的哲学上看，这虽然很惨烈，却是自由必须付出的代价，是应该被接受的。

卡莱尔对这样的现状则十分不满，严厉批判。他所处的那个年代，资本主义的弊端已经彻底显露出来了，自由主义哲学所带来的不公正也让人非常抵制。就算是自由主义者，也开始逐渐放弃了彻底放任自由的观点，更注重社会的公正，渐渐融入了一些道德甚至是功利的因素。在这种背景下，卡莱尔的观点是深受大众欢迎的，因此在西方世界，卡莱尔的拥护者非常多。

卡莱尔非常推崇中国的文化，特别是儒家文化，当他看到西方世界表面光鲜之下的腐败和残酷的时候，对中国社会的向往是非常强烈的。两千多年以来,中国社会一直保持着稳定。中国人与世无争,谦让好礼,更重要的是,中国人的道德观念一直是非常强的,这些都深合卡莱尔的脾胃。有一回他甚至对辜鸿铭说,世界已走上了一条错误的道路,只有中国的民主思想才能救世界。

二、中国有资格让西方学习

卡莱尔对中国这样的评价,使辜鸿铭不再自卑自己是一个中国人了,反而以自己是中国人而自豪。尽管在那时候,他连中国文化是什么都不知道,看过的中国书,仅限于一本《聊斋志异》,但是他不再会因为西方人歧视他而感到痛苦了,反而因为那些人片面地理解中国,让辜鸿铭觉得,他们才是更应该遭到歧视的。事实上在辜鸿铭心里,他确实一直歧视着那些愚蠢的西方人。

当辜鸿铭认同了中国文化后,求学期间,他甚至还在自己的住处做了一个祭台,每逢过节祭祀他的祖先。这种异样的文化立即引起了和欧洲本土的文化的对抗，他的房东太太看他做着如此奇怪的事，不无嘲讽地说道："你的祖先什么时候会来这里享受你的这些酒菜?"辜鸿铭立即反唇相讥道："应该就在你们的主听到你们的祷告之声，或者你们的先人闻到你们所献鲜花花香的时候。"

还有一回，辜鸿铭坐电车从爱丁堡大学到市立图书馆，在电车上他看着一份报纸。这时上来了几个英国人，坐在他面前，他们还没有向他挑衅呢，辜鸿铭就故意把报纸倒过来看，去引他们挑衅自己。那些英国人见到之后笑得前俯后仰，说了几句取笑他的话。辜鸿铭也不反驳，只等他们说完之后，他才用纯正的英语说道："英文这玩意儿太简单了，不倒过来看，实在没意思。"

那几个英国人见辜鸿铭把英语说得这么流畅，都惊呆了，想到刚才讲的话，满脸的尴尬，而辜鸿铭则为此得意万分。他不仅以中国文化自豪，而且还试图打击西方人的气焰，让他们明白，他们的文明并不值得他们如此骄傲，更不应该以此贬低中国文明，中国文明就算不比西方文明优胜，至少也不会差。

在1878年，辜鸿铭结束欧洲的求学生涯，回到了马来西亚的槟榔屿。在辜鸿铭留学爱丁堡大学期间，辜紫云就因病去世了，但是为了不妨碍辜鸿铭在欧洲留学，临终前，他写信给布朗，让他帮忙隐瞒这个消息。辜鸿铭回到槟榔屿时，辜紫云已经去世好几年了，他坟头的草青了又黄，黄了又青，已经荒芜了，这让辜鸿铭感到非常伤感。

回到槟榔屿之后，辜鸿铭被委派到了新加坡海峡殖民地政府担任公职。在那里，辜鸿铭待了3年，不过并没有受到多大重用，一直是一个小公务员，但在新加坡期间，辜鸿铭却遇到了一个改变他一生的人，这个人就是马建忠。

辜鸿铭是在1881年遇到马建忠的。马建忠，字眉叔，江苏镇江人，即著名的《马氏文通》的作者。《马氏文通》是中国第一部用现代语言学理论研究中国语法的著作，具有划时代的意义。有评论者在评价马建忠在此方面的功绩时，曾指出，如果没有他，中国语法体系的建立，恐怕要晚一些。

和辜鸿铭一样，马建忠也去国外留过学，辜鸿铭就读于巴黎大学的时候,马建忠也在那里念书,他们算是校友,不过并没有见过面,辜鸿铭只听过马建忠的名字。马建忠在巴黎大学读了3年书,就获得了博士文凭,回国之后在李鸿章的麾下效力。1881年,马建忠从印度回国,途经新加坡,下榻在新加坡的海滨宾馆。辜鸿铭得到消息,二话不说,立即就赶过去拜见他了。

此时的辜鸿铭非常向往中国文化,但是苦于不入其门。马建忠作为一个在学问上贯通中西的人,给辜鸿铭带来的启发是非常大的。卡莱尔虽然也向辜鸿铭讲过中国文化,但是卡莱尔自己对中国文化所知也很有限。听了马建忠的阐述,辜鸿铭才真正地了解了中国文化的核心精神。

见到马建忠之后,他们两人谈了三天,马建忠向辜鸿铭详细阐述了中国文化,特别是中国人对平静和谐精神的那种追求。中国人和西方人不同,西方人重视进取,中国人重视的却是心灵的愉悦和宁静。当时有人用动和静来划分中西文化,从某种程度上说确实有一定的道理。马建忠告诉辜鸿铭,中国人的精神,是一个"逸"字,追求的是悠闲愉快的生活,是闲情雅致和浪漫的美感。

　　这些话让辜鸿铭听得如痴如醉,和马建忠畅谈三天之后,辜鸿铭回去就把新加坡的工作给辞掉了,回到了家乡槟榔屿,开始读线装书,潜心研究中国文化。辜鸿铭简直着魔了,他妈妈看他一心向往中国,以为他发了精神病。辜鸿铭也不管别人异样的眼光,甚至脱掉了西装革履,换上了中国人的服饰,有模有样地做起了一个中国人。

　　和马建忠的会面对辜鸿铭影响很大,多年以后,辜鸿铭曾这样说道:"在新加坡与马建忠会晤,是我一生中最重要的经历,正是马建忠,使我改变成为一个真正的中国人。"在会晤的时候,马建忠建议辜鸿铭回国效力,因为在当时的国内,精通西学的人实在太少了。正是因为听了马建忠的话,辜鸿铭立即辞掉了工作,并且在尚未得到答复的时候就离开了,要找机会去中国。

　　辜鸿铭在槟榔屿待了一段时间,终于,1881年,他得到了去中国的机会。当时有一支英国探险队,打算去缅甸的曼德勒,他们预备先去中国的广州,转赴云南,越过滇缅边境,然后进入缅甸的曼德勒。途经槟榔屿时,这支探险队四处招聘中文翻译。应聘的人倒是有一些,但这些人见探险队的路途尽是深山老林,觉得生命安全不能得到保障,所以最终还是没人愿意。

辜鸿铭听到了这个消息,二话不说就去报名,并应聘成功。辜鸿铭打算借此机会领略一番祖国的山水风情和人文习俗,至于去缅甸探险,他是没有兴趣的。后来在中国境内,辜鸿铭跟着探险队一路走,快快活活,一旦到达滇缅边境,他就辞职不干了。滇缅边境道路难行,危机四伏,探险队员负伤的事很常见,甚至有牺牲的。辜鸿铭在这里选择离开,实在是一个非常好的主意。

离开探险队之后辜鸿铭并没有回槟榔屿,而是选择去了香港。在辜鸿铭还小的时候,他的父亲辜紫云到中国做生意,曾带着他来过香港,他对这里依稀有些熟悉。自1842年,香港沦为英国殖民地以来,经过几十年的发展,这里已经从一个小渔村变成了一个繁华的城市。在此辜鸿铭既能够了解世界最前沿的动态,同时还能从这里的中国人身上,了解纯正的中国文化。

之前，辜鸿铭对中国文化几乎没有任何了解。他会讲一些闽南话，但不认识汉字，也不会写，要看懂中国的典籍，对他来说是相当困难的一件事。他不得不借助当地一些传教士和汉学家的力量，向他们请教关于中国文化的问题，麻烦他们把中国典籍翻译成英文，然后再借助自己的英文来学习。

辜鸿铭在香港待了几年时间，在这几年里面，他全身心地投入到学习中国文化中，进步飞快。以前他只是听人说中国文化的博大精深，但是并不了解，现在他真正了解了这一点，忍不住感慨道："道固在是，不待旁求也！"终其一生，辜鸿铭都自始至终地认为，真理就在中国的文化之中。

当辜鸿铭的国学修养飞跃之后，再看那些传教士和西方汉学家，他对这些人的水平就不敢恭维了。那时有一位传教士，在自己的文章上居然署名为"宿儒"，这让辜鸿铭觉得十分荒谬。他立即写了两篇《中国学》的文章，投到了《字林西报》上，并且刊登出来了，这应该是辜鸿铭刊登的最早的文章。

在文章中辜鸿铭毫不掩饰地批评那些所谓的中国通，往往他们"出版了几个省市方言的些许对话或者收集了一百条中文谚语"，就被称为汉语学者了，这是非常可笑的事情。事实上，当时的西方人对中国的了解还是相当粗浅的，不过是起步阶段而已。辜鸿铭指出，那些西方学者们不能这样自高自满。他希望他们能潜心学习中国文化，这样他们才能真正了解中国文化的精髓。

三、到张之洞府中做幕僚

居住在香港期间，辜鸿铭曾多次去往厦门和上海等地。自从上次在新加坡见到马建忠以来，辜鸿铭对他念念不忘，他去大陆，有一个最重要的目的就是再次会晤马建忠，很可能是想通过马建忠进入中国的政坛，但马建忠公务繁忙，根本抽不出时间来见他。辜鸿铭四处溜达了一下，旁听了一些私塾教育，然后就坐船回香港去了。正是在这次旅途中，辜鸿铭遇到了广州候补知府杨汝澍。

当时正值中法战争前夕,时任两广总督、在前线负责中法事宜的大臣张之洞派杨汝澍去福建公干。杨汝澍完成任务之后,打算经香港回广州去,结果遇到了辜鸿铭。那时候辜鸿铭正和两个德国人在交谈,虽然杨汝澍完全听不懂辜鸿铭讲的是什么,但见他操着一口流利的德语,偶尔还夹杂着几个拉丁文和希腊文,直说得那两个德国人把头点得跟啄木鸟似的,让杨汝澍感到非常惊讶。

船晃晃悠悠地从上海出发,一路上辜鸿铭都有点儿懒洋洋的,没有见到马建忠,他还是感到有些失望,因此路上情绪不高。后来遇到两个德国人在谈论着西方伦理学的一些问题。作为一个文化人,辜鸿铭对此非常感兴趣,他听了一阵子,忍不住技痒,立即加入了进去,旁征博引,侃侃而谈。那两个德国人见一个中国青年对西方文化这么熟悉,说的又是纯正的西方语言,立即被镇住了。

站在不远处的杨汝澍,也被辜鸿铭镇住了。那时候国内精通西学的人才十分缺乏,能够纯熟地使用一门外语的人,也并不多见。张之洞府中的那些德语翻译,说的德国话德国人几乎是听不懂的,如果能把辜鸿铭召到府中,一定有极大的助益。更何况,中国当时的情况非常不好,西方对中国虎视眈眈,国内正需要精通西学的人才效力,因此杨汝澍有意要把辜鸿铭收归张之洞帐下。

在辜鸿铭和那两个德国人交流完之后,杨汝澍立即上前和辜鸿铭搭讪,旁敲侧击地了解他的一些情况,最后问他,如果有机会,他是否愿意回国效力?辜鸿铭立即表示,自己愿意回国效力,事实上他早就有这样的想法了。杨汝澍问辜鸿铭要了他在香港的地址,答应条件允许的话,就派人过来找他。

和杨汝澍分手之后,辜鸿铭自己没有抱太大的希望,他就给了人家一个地址,路远迢迢,人家兴师动众来找他的概率,估计不大。杨汝澍倒真的把这件事放在心上了,一回去就找到了张之洞府中最高级的幕僚赵凤昌,向他提到了辜鸿铭的情况。赵凤昌敏感地意识到,辜鸿铭确实是个人才,于是立即上报给张之洞。那时中法之间为了越南剑拔弩张,张之洞正缺少人才,求贤若渴,听了赵凤昌的话,当即派人去请辜鸿铭了。就这样,辜鸿铭来到了张之洞的府中。

张之洞,字孝达,号香涛、香岩,又号壹公、无竞居士,晚年自号抱冰,于1837年出生于直隶南皮,今河北南皮人,因此又称张南皮。张之洞家世代官宦,但是到他父亲这一代,家世已经衰落了,他父亲张锳中过举人,不过多次参加会试却考不中。张之洞在仕途方面却是一帆风顺,几乎没有经历过什么挫折。乡试中解元之后,他又通过了会试,复试更是夺得一等一名的好成绩,殿试对策时,他的表现也非常良好。张之洞出生之后不久,第一次鸦片战争爆发,张之洞考中进士之前不久,第二次鸦片战争又爆发了,国内的起义军又层出不穷,国家正经历着内忧外患,可以说已经到了风雨飘摇的境地。在这种时代大背景下,张之洞很早就萌发了经世致用的思想,比较喜欢看兵法和经济类的书籍,就算是看儒家典籍,最终他也是以实用为主的。看得出来,他的抱负就是奔着要治理天下而去的。

1877年,张之洞在翰林院任职,成了清流中的一个重要人物。清流以协办大学士、军机大臣李鸿藻为首领。李鸿藻，字寄云，号兰孙，直隶高阳人，在同治皇帝还是皇太子的时候，曾做过他的老师，有威望，资历高，重名节，因此清流人士都聚集在他的身边。这些人有张之洞、张佩纶、黄体芳、陈宝琛、邓承修等，其中以张之洞和张佩纶最为突出，被人称为"青牛角"。

清流人物以维护名教为己任，行事往往抱着一腔理想主义的热血，性格耿直，棱角分明，最为重视的只有一件事，那就是做事的时候，发心是否道德。他们依据的准则是中国古代哲学思想中所推崇的"道"，其实就是儒家的行为规范。李鸿藻早年母亲去世，死活要回去守丧3年，哪怕慈禧太后夺情不允，他也不管，坚持回家，恪守儒家准则。从这件事正可以看出清流的特点所在。

清流重视的是道德原则，张之洞之所以成为清流骨干，正是因为在道德方面，他的表现非常卓越。不管是在任考官还是任学政期间，他都力求在道德上做到无懈可击。到翰林院任职之后，他仍然不避嫌怨，不计祸福，敢于直言，有着高尚的道德情操。事实上，名节问题一直到老他都非常重视。

清流人物的做法趋于理想主义，在复杂的现实面前，有时候是不适用的。当时的社会情况下，清流所重视的名教和社会所需要的富强格格不入。文明确实重要，但当国家到了生死攸关的境地，不得不放下文明，追求富强，这也没什么错误。清流人物见这种风气对名教产生危害，却愤懑不平，大声疾呼，这与时代的主流相违背，注定不会有什么好结果，后来大多数清流果然都倒霉了。虽然他们的发心是正义的，但不得不说，他们也存在着问题。

辜鸿铭后来论及清流人物，谈到了重视名教的清流和重视富强的大臣之间的区别。辜鸿铭倒并不反对重视富强，他认为，重视富强的大臣关乎国家兴亡，是非常重要的，但同时指出，重视名教的大臣更为重要，因为这关乎人类的存亡。清流人物都不喜欢曾国藩和李鸿章，正因为他们只关心富强而忽视了名教，用人的时候，"但论功利而不论气节，但论才能而不论人品"。

按辜鸿铭的意思，名教就算不如富强重要，至少也该是在与之平起平坐的地位上。辜鸿铭心里，名教的地位其实是高于富强的。张之洞早年重视名教，辜鸿铭给予他的评价就很高，认为他是儒臣。后来张之洞在行事时加入了不少功利因素，重视富强，成了洋务派的首领，虽然也是迫不得已，但辜鸿铭却已经感到有些失望了，认为这种做法发展下去，必将导致文明的缺失。很不幸的是，他的预言在后来真的成真了。

1882年，张之洞出任山西巡抚，期间，中国和法国因为越南问题爆发了一场战争。越南历来都是中国的附属国，在中国的势力范围之内，但到了19世纪，中国自顾不暇，对越南更是照顾不到了。法国这时正有意往东发展，打算把越南划入自己的势力范围，中法之间的矛盾和对立不可避免地产生了。到19世纪80年代，中国的国力有一定恢复，清王朝决心遏制法国觊觎越南的野心。

法国有意吞并越南，清王朝内部分裂成了两派，一派以清流人物为主，主张和法国开战。他们的荣誉感和爱国心要求他们绝不允许与法国妥协，哪怕最后玉石俱焚，也要拿起枪冲上前线去。主战派也有自己的考虑,一旦纵容法国吞并越南,对中国势必将产生威胁。另一派以恭亲王奕䜣和直隶总督兼北洋大臣李鸿章为主,主张和法国和谈。这派认为中国国力不如法国,现在正应该埋头求发展,而不是和老牌的资本主义国家开战,开战肯定得不偿失。

朝廷最初倾向于主和派的观点,派李鸿章前去谈判,最后约定,中国撤回驻扎在越南北部的军队,法国则保证不侵略越南北部。同时,中法两国共同保证越南的独立。这样一来,越南就从中国的附属国成了中法两国的共同保护国。这份约定避免了与法国开战,但是中国却也丧失了一些原先拥有的权力,可以说是得失参半。但是没料到,法国新上台的政府,居然不同意这份协定。

法国开始向越南增兵,中国觉得有必要和法国讲讲道理,讲道理的方法就是和他们打一仗。主战派在这时又抬头了,他们的请求获得了朝廷最高层的同意,朝廷开始派遣大量军队前往越南,与法国开战。当时朝廷足足调遣了5万军队,而在越南的法军只有1.6万人,在人数上,中国占优势,可惜最后交战的时候,中国仍旧没能打赢,朝廷因此只能去请和。

李鸿章再次受命,奔赴天津与法国人谈判,他们倒是达成了协议,可这回中国内部又不同意了,清流派反对得非常激烈,最终中法之间的战争又打了起来。正是在这时,张之洞被调任为两广总督,负责前线战事。作为一个清流派领袖,张之洞对法国的态度向来很强硬,要求与之决战。他上任之后立即筹备战事,但最后和法国的战争却打输了,福建战线更是被打得节节败退。

中法战争的结局对中国来说是相当惨烈的,中国被迫放弃了对越南的宗主权。接着,中国又相继失去了对缅甸和朝鲜等国的宗主权,中国的边境地区开始面临着列强的威胁,就连京畿重地也不再安全了。这些事对张之洞刺激很大,中法战争可以说是张之洞一生的转折点,使他开始从清流派转向了洋务派,从维护名教转向了务实发展,并最终成了洋务派的领袖人物。

辜鸿铭进入张之洞幕府时,张之洞还是一个著名的"青牛角"，战斗力极强，属于攻击型清流。中法战争期间，张之洞坚决主战，这种举动所透露出来的正义感，让辜鸿铭大为折服。进入张之洞幕府后，辜鸿铭成了张之洞的外文秘书，有时也帮着张之洞处理一些税务方面的督办行政工作。

张之洞对辜鸿铭还是比较重视的，他来的第一天，张之洞就带着他上上下下转了一圈，可以说是给足了面子。向大家介绍辜鸿铭时，张之洞还极口夸赞他的外文水平，把他说得天上有地上无。就连向来高傲的辜鸿铭，听了张之洞的吹捧，也觉得有点儿不好意思了，赶紧向同僚们谦虚一番。

接着，张之洞把辜鸿铭带到了他以后办公的地方，辜鸿铭大大咧咧地往办公桌前一坐，把张之洞晾在一边。辜鸿铭常年生活在国外，养成了直来直去的性格，对中国人的礼节不太熟悉。礼节最大的好处就是可以让对方愉悦，能够与人打好关系，无形之中其实对自己相当有助益。

辜鸿铭不太懂礼，就算懂，出于自己清高的气节，他也不愿意过分多礼，因此别人普遍觉得，他是一个不太好相处的人。张之洞很宽容，没和他计较，别人却不会这样。辜鸿铭其实也了解这一点，后来他就说过，自己在事业和生活中遇到了很多阻碍，究其原因，最重要的一点就是，他不太懂礼节。

张之洞走后，差人把公文送了过来，那是一份英文订货单，辜鸿铭看了几行，就暴喝一声，嘴里立即骂骂咧咧。原来在那份订货单上，把中国货说成是土货，这让辜鸿铭大受刺激，觉得国家的尊严受到了严重践踏，登时火冒三丈，还拿起笔来，作势要改，吓得那个差人赶紧劝阻辜鸿铭，说这使不得。

差人对辜鸿铭说："更改公文要经大帅允许，不能擅自更改的，更何况这份公文已经双方签订，擅自更改，会带来生意上的损失不说，甚至还会引起外交上的麻烦。"辜鸿铭看到差人畏缩的心态更是恼怒，口无遮拦地把张之洞都骂了，大叫说："张南皮又怎么样？张南皮难道不同意我改？他眼睛瞎了吗？"

辜鸿铭的叫骂声把隔壁办公室的同僚都引来了，大家了解了事情的原委，对这件事褒贬不一，不过大多数人仍然持赞赏的态度，只有少数人表示不赞同，觉得洋人会不赞同更改。对这些表示反对的人，辜鸿铭立即骂得他们狗血淋头，并表示，就算抚台不要他改，他也照样要改；非不要他改，他就不干了！

后来公文呈递到张之洞手中，张之洞没说什么，批阅通过了。这其中的曲折，别人早就报告给张之洞了，辜鸿铭骂他，他也知道，不过他淡淡一笑，就过去了。经过这件事，同僚们对辜鸿铭的傲骨和气节有了一个很深的认识。一直到老，辜鸿铭都没有改变这种傲骨和气节，只要觉得别人的做法有错，立即开骂。他骂过张之洞，骂过袁世凯，骂过李鸿章，甚至还公然骂过慈禧太后。

刚进入张之洞幕府，辜鸿铭就曾向张之洞提议，订一些国外的报纸杂志，摘要一些精华内容，这样可以随时了解世界最前沿的动态，也可以知道西方社会对中国的态度。张之洞觉得这个建议很好，让辜鸿铭着手去办。得到了张之洞的同意，辜鸿铭放开手去办了，一口气就订了三十多种报纸、五百多种杂志，数量极其庞大，但当他把书单交给张之洞过目时,张之洞并没反对。

　　辜鸿铭离开后，张之洞的心腹幕僚梁鼎芬前来商谈公务,张之洞把辜鸿铭拟定的书单给梁鼎芬看。梁鼎芬一看吓了一跳,对张之洞说,辜鸿铭订这么多报纸杂志,就连看完都困难,要看完之后再选取精华,更是费时费力的事情。说实话,他有点担心辜鸿铭的能力。张之洞却哈哈一笑,认为梁鼎芬不必担心,辜鸿铭既然拟定这些报纸杂志,必然有他的道理,他相信他能应付得来。

　　梁鼎芬心里还是不免有些嘀咕,但过了几天,他算是真正见识到辜鸿铭的能力了。那天他去找张之洞,等他好久却不见他出来,于是他索性到张之洞的书房去找他。走到门前,听到辜鸿铭的声音,他正向张之洞高谈阔论西方局势。梁鼎芬伸头往窗户中看去,只见张之洞正襟危坐地听着辜鸿铭分析,辜鸿铭则滔滔不绝,口若悬河,足足讲了三个多小时,才算停止。这下梁鼎芬对辜鸿铭不得不佩服了,连张之洞也很欣赏辜鸿铭,认为他确实是个才子。

　　得到张之洞器重和赏识的同时，辜鸿铭也受到了同僚的一些排挤。此时的辜鸿铭还是个西化论赞成者，与受传统中国文化所影响的那些同僚不同，他们彼此之间观念不一样，当然会有一些对立和不信任。辜鸿铭因为不懂中国文化，去向同僚请教时，没有一个人愿意教他，甚至还出口不逊，把辜鸿铭给气坏了。当然，辜鸿铭求教的态度也有点儿粗野，这也是别人不愿意教他的原因。后来张之洞知道了这件事，居然主动提出，由他亲自来教他。

辜鸿铭虽然学了一点儿中国文化，毕竟限于接触时间尚短，还没能了解其中的精髓，他更为熟悉的仍是西方文化。张之洞生日那天，高朋满座，著名大儒沈曾植也在。席间辜鸿铭畅谈西方文化，几杯酒下去，他更是停不下来。他分析得确实有点儿道理，大家都聚精会神地听着，不时点头赞同，唯有沈曾植埋头吃东西，这让辜鸿铭十分不满，转头有点儿挑衅地问沈曾植，怎么一句话都不讲？

沈曾植对辜鸿铭的卖弄与狂妄有点儿不满，冷冷答道："你说的这些，我都懂，但你要懂我说的话，至少得再看二十年的中国书！"辜鸿铭一听这话愣了愣。通常来讲，都是他挖苦别人,还没有别人挖苦过他呢,沈曾植居然如此挖苦他,让他大受刺激。一时之间,他也想不出什么来反驳沈曾植,不过这件事他记下来了。辜鸿铭是一个挺记仇的人,当众让他丢脸,这件事他肯定忘不掉。

二十年后,又是张之洞的生日,沈曾植又来庆贺。辜鸿铭还记得他,他来之后,辜鸿铭就把他拉过去,指着一堆藏书诘问他:"这些书,哪些是你懂,我不懂的?哪些是你能背,我不能背的?"沈曾植陡然想起二十年前的那件事,心里感慨辜鸿铭真是太会记仇了,嘴上说,自己老了,要退出舞台了,而他正在走上舞台,未来是他的。同时沈曾植还夸赞辜鸿铭贯通中西文化,前程似锦。辜鸿铭听了这话算是满意了,不再记恨当年的仇恨,与沈曾植握手言和。

四、不怕老婆,还有王法吗

在辜鸿铭30岁那年,他娶了湖南籍女子淑姑为妻。淑姑是典型的中国妇女,持家、守妇道,而且是个小脚,特别是这后一点,为辜鸿铭所钟爱。在辜鸿铭刚刚结束欧洲留学那会儿,他回到槟榔屿,给他说亲的人几乎踏破了门槛,但是他连考虑都不考虑,他被中国文化所吸引,一心想要娶个中国女人。

直到进入张之洞的幕府,辜鸿铭也没有急着娶亲,大家都不知道他为什么拖这么久都没有找对象,后来才知道,原来他是在寻觅真正的中国女人。一天,他和梁鼎芬等同僚在饭馆吃饭,媒婆找来了,告诉辜鸿铭说,她已经按照他所提的要求,找到了合适的姑娘,特别是,那姑娘的脚非常之小!

听着媒婆的形容,辜鸿铭兴奋了,他要找的就是这样的女子,但不见一面,他的心里总是放心不下。至于要如何见面,这可把他难坏了,中国的女子是多么贞烈,如果直言相亲,最后辜鸿铭没看上她,那她不上吊自杀才怪呢。显然,冒冒失失地约她见面不太妥当,最好能够不让她知道,偷偷看她几眼。

梁鼎芬对辜鸿铭的考虑大为折服,觉得他已经了解到中国文化的精髓了,就连这种事他都顾虑到了,可见对中国文化真是熟悉到了骨子里，不过说到要如何偷看，他也没辙。媒婆提议说，正好过几天是那姑娘的老祖母的寿辰，到时姑娘肯定会出来祝寿，趁着这个机会可以看她一眼，神不知鬼不觉。

辜鸿铭听了媒婆的提议，大声称赞，过了几天，他假装成宾客去了淑姑的家，总算是见到了人，更准确地说，是见到了淑姑的脚。辜鸿铭看淑姑，只在她脸上略扫了几眼，重要的是看她的脚。只见她裙摆下的那双金莲又小又瘦，当真好看。辜鸿铭见此非常满意，立即要媒婆提亲，把淑姑娶回家。

在辜鸿铭的想象中，中国的妇女是非常温顺的，对丈夫百依百顺，但是把淑姑娶回来之后，他发现事情有点儿不太一样。在以后的相处中，辜鸿铭对淑姑甚至有点儿惧怕，他曾自嘲说："不怕老婆，还有王法吗？"可见他对老婆确实很惧怕，似乎他还认为，怕老婆是天经地义的事情，这样才合乎王法。

这不得不让我们想起20世纪初那个最著名的知识分子胡适，他也怕老婆，还加入了美国和法国的怕太太协会，甚至认为,怕老婆是很有好处的,一个国家如果流行怕太太风气,便自然是一个民主国家,是爱好幽默的民族,像美国、英国、法国、意大利、爱尔兰、菲律宾以及我们中国等,就是如此。

终其一生,辜鸿铭对淑姑的评价都很高,特别是对淑姑的持家能力,赞赏有加。在长达十几年的时间里,辜鸿铭的收入都不高,只有每月两百美元。这点儿钱要维持一个九口之家的生活,很不容易,但淑姑却打理得非常好,这让辜鸿铭非常敬佩,甚至认为淑姑的理财能力已经不输那些经济学家了。

娶淑姑3年后,辜鸿铭又纳了一个日本大阪的姑娘吉田贞子为妾。辜鸿铭非常宠爱吉田贞子,也非常感激她,把她称为"来自大阪的仙女"。后来的自述中,辜鸿铭提到吉田贞子时说,在当时他只是一个薪水微薄的小职员,正苦心学习中国文化,非常需要有一个人来照顾他的生活,帮他处理日常家务。这时吉田贞子来了,为他解除了后顾之忧,整整照顾了他18年。

如果说,对于自己的妻子淑姑,辜鸿铭更多的是敬,那么对于自己的妾吉田贞子,无疑辜鸿铭更多的是爱。吉田贞子在辜鸿铭眼中几乎十全十美,唯一美中不足的地方在于,吉田贞子的脚没有缠过,这一直让辜鸿铭引以为憾,但这并不妨碍辜鸿铭爱她。两人相处的那些年,可以说相当恩爱。吉田贞子也衷心爱恋辜鸿铭,因此甘愿做他的妾,服侍他一辈子。

我们知道,妾是没有地位的,丈夫不打她骂她,已经算是对她的恩慈了,但是在辜鸿铭家里,吉田贞子虽然作为妾,却并没有遭受这种不人道的待遇。辜鸿铭还是相当尊重她的,有一回不知道是什么原因,吉田贞子生气了,足足三天没有搭理辜鸿铭。倘使别的男人,或许两记耳光早就扇上去了,辜鸿铭则没有用男性的权威来命令她,而是绞尽脑汁想方设法地祈求吉田贞子原谅。

因为宠爱吉田贞子,辜鸿铭连带着对日本也充满了好感,说了日本不少好话,特别是对日本的妇女,辜鸿铭更是赞不绝口。在日本演讲时,辜鸿铭还曾劝诫那些日本的财主,别迷恋到中国去收集一些什么骨制的古董,或者一些周代遗留下来的破败不堪的桌椅雕刻。与其把钱花在这些地方，不如把钱花在日本妇女身上，这才是把钱得其所用，并且，这更体现了日本传统的美德。

　　吉田贞子早于辜鸿铭去世，她去世时，辜鸿铭非常难过，还写下了一首诗，说道："此恨人人有，百年能有几?痛哉长江水，同渡不同归。"他曾解释这首诗说，和钟爱的人的别离之苦，是每个人都会有的，可是又有几人可以得到夫妻一同共度百年的幸福呢?让人悲痛的是，只要一看到扬子江的江水，我的胸中就充满了伤感。我们是一同渡江而来的，而现在你却已经不在了。

　　通过这首诗，可以看出辜鸿铭对吉田贞子确实饱含着真情。吉田贞子也非常眷恋辜鸿铭，她临终之前，还拉着辜鸿铭的手说："我不怕死，只是怕死了以后，没有人照顾你。"吉田贞子真的不放心就此撇下辜鸿铭而去，还把他托付给了一个和她非常熟悉的中国姑娘，让她照顾他。

第三章　辜鸿铭与张之洞的激辩

一、把德国的军工人才挖到中国

1889年11月,张之洞卸去两广总督的职务,去湖北武昌任湖广总督。他带着辜鸿铭等五位随员一同去了武昌上任。正是在做湖广总督期间,他在武昌对江的汉阳兴建起了中国第一座大型铁厂:汉阳铁厂。这标志着中国现代钢铁工业的肇始。其实在任山西巡抚时,张之洞就有这种想法,认为进口洋铁花费太大,国家自己办厂,购买设备,自行制铁,这才是更为优势的办法。

1889年,张之洞终于有机会把自己之前的计划付诸实施了，并最终建成了一座非常雄伟的铁厂，当时有一个日本人看了汉阳铁厂之后，形容道："登高下瞰，使人胆裂；烟囱凸起，矗立云霄；屋脊纵横，密如鳞甲；化铁炉之雄杰，碾轨床之森列，汽声隆隆，锤声丁丁，触于眼帘、轰于耳鼓者，是为20世纪中国之雄厂耶！"看这形容，简直就像是在描写变形金刚似的。

张之洞筹建汉阳铁厂，同时还有一个目的，依托铁厂兴建一座现代枪炮厂，提高国家的军事实力。辜鸿铭也参与了其中的谋划，并有着自己的贡献，他把一位坑蒙拐骗的洋专家给撵走了。张之洞很重视企业管理，但在技术方面，他完全是外行，请来的洋专家到底有多少能耐，他其实也不清楚。在汉阳铁厂后期的经营中，这一问题更是暴露无遗，那些洋专家让张之洞花了不少冤枉钱。

办厂初期，张之洞对这些问题认识不足，国内熟悉现代军工的人才非常少，他必须去找外国人。后经人推荐，他终于找到了一个德国军工专家，并促成了一笔巨额的订单，用来购买设备。但事实上，这个所谓的军工专家，根本是个冒牌货,张之洞不知道内情,被他骗得团团转,结果被辜鸿铭给识破了。

那天张之洞宴请那个德国专家吃饭,辜鸿铭也在。吃饭时两人的交谈相当愉快,辜鸿铭用流利的英语自我介绍,让那位洋专家十分佩服。用德语悄声对身边的德国朋友说,如果只听声音,还以为辜鸿铭是英国人呢。不料辜鸿铭听得懂德语,立即以德语回答说,他实在是谬赞了,他的西学水平其实也就一般。这下洋专家更是惊讶,对辜鸿铭简直佩服得五体投地。

饭后,张之洞差人将洋专家安排妥当,但是两天后,他有事要和洋专家商量,却被告知,那洋专家已被辜鸿铭赶走了。这下张之洞愤怒了,他好不容易找到了那位洋专家,辜鸿铭哪里来这么大的胆子,不声不响就把他赶走了?张之洞十分恼怒,立即把辜鸿铭找来,喝问他到底怎么回事!

辜鸿铭不慌不忙地回答张之洞说,那个洋专家完全就是个骗子,他去拜访他,想跟他谈谈兵工方面的事,一谈之下才知道,原来他以前在大学里面学的是商业专科,跟兵工方面毫无关系，来到中国是赚钱发财的，以前在上海开设洋行，是个买卖人，哪里是什么兵工专家！因此，他把他打发走了。

张之洞听了辜鸿铭的解释，火气降下来了，知道这件事的确是自己的失误，但是现在洋专家一走，要再找到这样的人才，就困难了，张之洞不免为此感到忧虑。不料辜鸿铭这时诡诡然地从袖口取出一封信，向张之洞介绍说，他留洋时认识一个同学，是研究兵工方面的专家，现任德国克虏伯兵工厂的监督。他有信心能够把他给找来，有这样的专家坐镇，兵工厂才能够真正办好！

眼见辜鸿铭不动声色地把难题都解决了，张之洞十分高兴，立即派人去请辜鸿铭的同学。那同学名叫威廉·福克斯，是德皇威廉的亲戚，他接到辜鸿铭的信之后，同意来中国筹办兵工厂，不过约定，聘用期限不能超过半年。

辜鸿铭表示完全同意，没过多久，威廉·福克斯就到中国了。抵达武昌的时候，张之洞设宴为他接风。饭桌上，觥筹交错，你一杯，我一杯，把威廉·福克斯喝得连东南西北都分不清楚了，随口把克虏伯兵工厂的机密全部抖了出来，饭桌上有人一字不落地将之完全记下来了，并投稿到了英国《泰晤士报》去。等到威廉·福克斯酒醒之后发现这件事，吓得脸色惨白，知道德国是回不去了，于是他把家人接到中国来，从此留在中国，一心为汉阳枪炮厂工作。

张之洞以前对洋务运动就很感兴趣，中法战争之后，他更是大力开办洋务，成了洋务派的领袖。这时的张之洞已经发现了清流顽固与高谈阔论的毛病，对实用的洋务运动进一步青睐，办工厂，兴实业，虽然他内里还是一名清流，依旧非常重视名教，但所有的精力都放在兴办洋务上面了。作为张之洞的幕僚，辜鸿铭对此很不以为然，认为这样下去，传统的名教必将垮塌。

有一回，一批即将出国的留学生临行前谒见张之洞，张之洞语重心长地勉励他们说："你们到西洋，要努力用功求学问，将来学成归国，好为国家效力呀！到时候你们还怕不能插金花戴红帽、做朝廷的大官吗？你们可要牢牢记着我的这番话，好好自求多福啊！"这就像我们对现在的学生说：

"你们一定要好好学习,将来学业有成,找份好工作,买房子,买汽车,生活就有保障了!"

看得出来,这种话让学习带上了功利的色彩,学习完全变成了谋求福利的工具,这在辜鸿铭看来十分要不得。我们现代人尽管认为,对学生说这些话是非常现实的,有助于让他们看清社会现状,对他们好,但其实这种话未必正确,人们用了一个不恰当的价值观来评价学习,是对学习这件事的一种腐蚀。放任这种观念的滋生,一切高尚的事物,都将由此被摧垮毁灭。

辜鸿铭正是因此反对张之洞,张之洞说这话时辜鸿铭也在场,听了就感到非常失望。回去对一位姓汪的师爷说:"我老早就说过,大帅是不会把我的话当一回事了。我和他基本观念就不一样。我做事只讲是非,他却只在利害上权衡,他怎么会听我的?"结果这话传到了张之洞耳朵里,把他气得要命,居然说他只讲利害不讲是非,这完全就是一种污蔑和恶毒的攻击!

张之洞立即把辜鸿铭找来,质问他说:"谁说我是只知道利害,不知道是非?如果说我只知利害,试问,今日我有偌大家产否?所谓利者安在?我所讲究的,乃公利并非私利。私利不可讲,而公利不可不讲也!"看着张之洞发火,辜鸿铭依旧是一副诡诡然的样子,搬出孔子驳斥道:"当年孔子向来不讲利字,更没有什么公利、私利可说了。"张之洞听了这话,只能哑口无言。

辜鸿铭后来对同事阐述了自己的观点。他们问辜鸿铭,既然他认为张之洞训诫留学生的话不对,那么依他高见,应该如何?辜鸿铭回答说,应该只重视真诚的发心,古书上讲:"为物不二,不二则诚,诚则有功。"如果带着功利的目的性去做事,就腐蚀了这件事本身,将造就出一个错误的价值观,而事实上,这是用不着的,只要真诚做事,自然有功,这就是孔子所谆谆教导的。

张之洞无法驳倒辜鸿铭,因为孔子太权威了,他老人家有言在先,谁也不好驳他,所以张之洞只好认栽,不过在心里,他对辜鸿铭的看法并不赞同,因此依旧遵从自己的观念来行事。我们可以看出,在这件事上,张之洞所遵从的,是社会整体的福利,这是功利主义最大的特征,而辜鸿铭所重视的,是道德本身,是发心的高尚,这趋近于西方哲学之中康德一派的论调。两者的出发点不同,评判标准不同,对错其实是难以评价的,值得我们进一步去深思。

兴办洋务运动,张之洞与辜鸿铭分歧很大,张之洞坚持认为,自己的做法没有错,反而批评辜鸿铭,说他"知经而不知权",也就是说,指责他做事一根筋,不知道从权行事。辜鸿铭非常不服,反过来批评张之洞说,他那不叫知权,根本就是术而已,是卑鄙的谋略。他开办洋务,看起来是经世致用,发展国力,其实只是在将名教拖入深渊而已,是得不偿失的错误做法。

张之洞以前作为一名清流,对名教的重视很让辜鸿铭折服,但是中法战争之后,张之洞发现清流的那一套东西没什么实际的作用,坚守那套东西,在列强面前只有挨打的份儿,因此不得不转变方式,从洋务方面入手。这时候的他"舍理而言势",但他又不好意思公开表示自己不要名教,所以只说是从权。了解了这样的心态,就会发现,张之洞根本不是从权，他是在耍手段！

辜鸿铭的话让张之洞气得够呛，好在他们之间常常发生矛盾，都已习惯了，吵归吵，吵完之后还是要和好的。辜鸿铭当时在气头上，说的话也有点过分，其实在辜鸿铭心里，他并不真正认为张之洞是在耍手段，他知道张之洞确实重视名教，对中华文明有着自己的坚守，所以后来他会把张之洞称为"儒臣"，给予很高的评价，并且还认为，在朝廷百官之中，张之洞是少有的君子。

至于辜鸿铭对洋务运动的批评，也并不只是一味地发牢骚，他认为洋务运动只言政计而不言文教，是重大的失误。这批评是一针见血的，甲午战争的惨败让国人明白的正是辜鸿铭早已料到的这一点。如果说与西方列强交战，输了也不是什么没面子的事，与当时小小的日本打都会遭到那样的惨败，对国人的刺激则相当大，也让大家知道了，几十年发展洋务，其实走的是弯路。

从另一方面讲，不可否认，洋务运动对中国的影响非常大，那几十年里，中国创办起了现代工业，兴建了众多兵工厂、煤矿厂、钢铁厂、纺织厂、金属矿灯厂等，还修筑了许多铁路，创办了电信事业。同时兴建学堂、书院，发展现代教育，派遣留学生，翻译西学书籍，创办报纸。这确实给中国带来了一定的发展，增添了许多新的气象，但是因为只言政计而不言文教，毕竟还是失了根本，正因此，甲午战争之后，朝廷用力的方面从洋务运动转向了变法维新。

辜鸿铭批评洋务运动的原因正在于担心洋务运动因失去名教的约束而走上错误的方向，对发展国力本身，辜鸿铭不反对，因此，尽管有所担心，张之洞兴办洋务期间，辜鸿铭还是尽心尽力地为他谋划。张之洞对西方了解不多，而要兴办洋务，又不得不与西方人接触，这其中遇到问题，张之洞每每都要咨询辜鸿铭，而辜鸿铭总能不负所托，提出恰如其分的意见。可以说，尽管辜鸿铭并不欣赏洋务运动，但他确实为洋务运动立下了汗马功劳。

辜鸿铭跟了张之洞二十多年，但对张之洞，他从来不知道客气，只要张之洞的观点他不同意，马上反驳他，有时还要讽刺几句。但说起来，张之洞算是辜鸿铭批评较少的一个人了。辜鸿铭骂人是出了名的,谁都敢骂,不仅在私下里毫不客气地指责批评,当着人家的面,他也丝毫不收敛,针砭人物往往一针见血,谁撞在他手里,骂又骂不过他,那滋味真是非常不好受。

当时,朝中的大臣几乎被辜鸿铭批评了个遍,就算是大受赞扬的曾国藩,辜鸿铭也有不少微词。总的来说,曾国藩还是让辜鸿铭赞赏有加的,他平定太平天国起义后,手握重权,天下豪杰大多出自他的门下,这时他若有二心,立即就会天下大乱,加上列强虎视眈眈,中国遭遇的灾难恐怕将是空前的,但他却忠贞爱国,没有萌生不臣之心,这真的是造福整个中国的。

孔子赞扬春秋时的管仲说,没有他,大家可能还在过披头散发的野蛮人生活。辜鸿铭觉得曾国藩的功绩可比管仲,没有曾国藩,大家可能也会完蛋。不过曾国藩还并不能完全让辜鸿铭满意,特别是他只重视洋务,而忽视文明这件事,让辜鸿铭觉得不能原谅。再说曾国藩创立的南京制台衙门,大而无当,也可以看出,曾国藩粗陋的一面。

至于继承曾国藩的李鸿章，辜鸿铭的批评就更加严厉了，李鸿章完全追随曾国藩定下的道路，不懂得时代不同应加以改变，结果把国家治理得一团糟，让辜鸿铭十分不满。张之洞对李鸿章也很看不上，有一回张之洞献计，被李鸿章说成是书生见解，气得张之洞痛骂李鸿章老奸巨猾，两人由此结仇。辜鸿铭作为张之洞的幕僚，当然要帮着他了，何况他也实在不欣赏李鸿章。

　　被辜鸿铭骂得最多的，恐怕要属袁世凯了。和袁世凯见面的时候，袁世凯为了讨好张之洞，对辜鸿铭笑脸相迎，但辜鸿铭毫不客气地讥讽袁世凯。后来袁世凯被骂得实在受不了了，无可奈何之下想出一条计谋，要辜鸿铭到他府上去做家庭教师，希望把他收罗过来，好别再骂他，结果辜鸿铭一口回绝，以后照样逮着机会就骂袁世凯。

　　袁世凯后来称帝，逝世之后，北洋政府下令，全国致哀三天。辜鸿铭还故意唱反调，请了一个戏班子到自己家里面，演了三天戏。外面是一片肃穆的景象，他家里却是锣鼓喧天、热闹非凡。警察看到了，想进去管，一看发现原来对方是辜鸿铭，知道这人惹不起，一句话也没说，掉头就走了，回去报告了警察总监，他也不敢去惹辜鸿铭，只好放任他胡闹，听任他在家里为所欲为。

二、在国际上为中国辩护

1891年，发生了多起民众与传教士的冲突。这种冲突由来已久，传教士随着西方军队一起入侵，凭借种种不平等条约，在中国肆意妄为，甚至杀人放火拐卖婴儿的事情都做得出来。有一些传教士确实是带着虔诚的宗教目的来到中国的，期望给这个多灾多难的国家带来一些救赎，但是也有一些传教士，在中国待久了，被利益所蒙蔽，最终堕落为披着上帝外衣的魔鬼。

传教士吸收了一些中国教民，这些教民中，有一部分人加入西方宗教并不是因为信仰上帝，只是希望得到一份生活的保障，同时得到传教士的庇佑，从而获得种种特权。当时，入教的中国教民，就连官府也要礼让三分，乡邻之间，更是嚣张跋扈，因而激起了民众的不满。普通民众与教民产生冲突，传教士往往听信一面之词，袒护教民，由此与普通民众的矛盾进一步加深。

在山西的时候，为了应对类似的教案，张之洞专门设立了教案局，派专员负责民教冲突的问题。教案局力求对教案秉公办理，"逞刁之教民饬其驱除出教，生事之教士责令主教撤换，教堂之安分讲理者亦即施以嘉奖"。这为解决教案提供了一个正常的渠道，对于缓和普通民众与传教士之间的冲突，有着正面意义。同时，这做法对西方宗教在中国的发展，也有着相当好处。

随着传教士越来越多地涌入中国，又无法保证有效地管理教民，各地的教案仍旧频繁发生，民众与传教士之间的矛盾越来越难以调和，爆发武力冲突也是十分常见的事。1891年4月，扬州民众因为不满传教士欺压人民，聚集起数千人包围教堂，后被清政府驱散。同年5月，芜湖人民因为反对教会迷拐婴儿，焚烧教堂，甚至包围了英国领事馆，发生了震惊当时的芜湖教案。

仅仅过了一个月,在1891年的6月,湖北广济县武穴镇人民因反对教会贩卖婴儿,不但焚毁了教堂,甚至还杀死了1名英国传教士。事情发生后,英德两国以武力威胁,如果中国不能很好地处理事情,他们将带着军队过来复仇,差点儿酿出了国际纠纷。张之洞处在中间十分为难,为平息事态,他处分了1名地方官员,捕杀了民众2人,判刑7人,并赔款6万5千两白银。

传教士在中国制造混乱,但在国际社会面前,中国又处于理屈的位置,很少有人能够向西方世界解释中国自己的立场。这时候,辜鸿铭挺身而出,撰写了一篇文章《为吾国吾民辩》,论述传教士给中国带来的灾难。这篇文章发表在了《字林西报》上,随即又被英国《泰晤士报》转载并加以评论,引起了西方社会的广泛关注,让西方人从一面倒地批判中国,变为转过头来支持中国。

在文章中,辜鸿铭大力抨击了西方传教士,指出他们所谓的传教活动能提高民德、开启民智,完全就是胡说八道的,就连最起码的慈善作用,也几乎起不到,传教士往往只能给中国人民带来灾难而已。鉴于此，辜鸿铭认为，考虑到中国人民的共同利益，外国政府应该采取措施，就算不把中国的传教士全部撤走，也应该对目前中国业已存在的整个传教系统作出某些修改和调整。

传教士最初在中国生根落地，目的在于要提高中国人的道德。如果事实确实如此，辜鸿铭觉得，那我们当然应该支持这件事，任何能够有效提高民众道德的做法，都值得提倡，哪怕"用枪炮和战舰来镇压民众"，如果有必要的话，也是可以的，但问题是，传教士是否真能提高民德？事实证明，在这件事上他们是失败的，那些因利益而加入教会的人，道德反而变得更为低劣了。

说到开启中国的民智，这一点更荒谬了。传教士带来了大量他们称之为科学的东西，可在祷告的时候他们又马上声称，太阳和月亮是听命于约书亚的，太阳和月亮为什么停滞于空中不动？这全是约书亚命令的。辜鸿铭倒要问问，还有比这更反科学的吗？宗教在西方迫害科学，焚烧科学家，到中国来居然打扮成了科学的斗士，天底下还有比这更荒谬更可笑的事情吗？

再来谈谈传教士在中国开展的慈善工作，他们倒确实做了一些慈善事业，但这些零星的慈善工作，和他们的巨额花费比起来，是不等价的。欧美人民捐助了数以百万计的费用给他们，可有多少用在减轻中国人民痛苦之上？更别提政府为传教士提供保护和补偿所花费的费用了。事实上，真正的慈善不是用在了中国人民身上，反而是用在了传教士自己身上，这完全不值当。

传教士借着国家支持，在中国境内横行不法，所谓高尚的目的不是达不到，就是不值当。中国民众对他们完全没有好感，彼此之间矛盾频发，而他们因为中国民众的不满，动辄要求政府动用武力镇压，这就是中国人为什么仇恨外国人的原因了。辜鸿铭指出，在这件事上，传教士有着不可推卸的责任。他们荒谬和错误的做法不仅没有任何益处，反而只会制造一系列麻烦和混乱而已。

公平地说，确实有部分传教士给中国带来了一些积极有益的影响，但从整个传教士人群来看，大多数传教士对中国所造成的还是伤害。这种对中国持续的伤害，最终同样也会伤及外国人，他们使中国民众仇视外国人，这对外国人的在华利益来说，显然没有任何好处。从这种种方面考虑，毋庸置疑，我们确实应该采取一些措施了，至少约束在华的传教士，减少他们带来的危害。

三、维新派登上历史舞台

1894年，中日甲午战争爆发。之前中日两国因为朝鲜问题已经对峙很久了，1894年年初，朝鲜爆发农民起义，国内的政权无法解决，只好求助清政府派兵镇压。清政府刚刚一出兵，日本立即有了出兵的借口，开始大量地往朝鲜国内派兵。朝鲜算是把中国给害惨了，他们的农民起义很快就被镇压了下去，中日两国之间的问题却变得严重起来。

当时的清政府在李鸿章等人的主持下，奉行韬光养晦的外交政策，不愿意与别国开战，因此对日本一忍再忍。日本方面，奉行的却是军国主义，早就想与清政府开战了。李鸿章完全没有作战的准备，日本方面却已经详细制定了作战计划，把该怎么与中国打，与中国交战会出现的状况以及应对的方案，一一筹划完备。在这种情况下，李鸿章想息事宁人注定无法实现。

对于日本的野心，李鸿章没有琢磨清楚，就算意识到，他的内心也很不愿意相信，因为他根本不想和日本交战。他麾下的北洋海军拥有诸多战舰，号称世界第六、亚洲第一，但其实内里的实力他知道的最清楚，那些战舰都已陈旧，装备也好久没有更新了，只不过表面辉煌，真正的力量根本没有多少，而日本的战舰却大多是新建的，火力强劲，航速又快，打过来相当吓人。

1894年9月，李鸿章把北洋舰队的主力派到旅顺、大连、成山角一带巡逻，意在震慑日本，但事情的发生却与李鸿章想的有点儿不太一样，李鸿章想吓吓日本，没想到根本没吓到日本。日本当时满脑子想的就是找到北洋舰队的主力，然后与之开战。结果，两国的舰队在黄海相遇时，立即交上火，北洋海军不敌，被日本联合舰队重创，五艘军舰被击沉击毁，上千清军在海战中死亡。

剩下的北洋海军战舰退回旅顺、威海。为了保存实力，李鸿章下令海军不得出海迎战，但就算极力避战，最后也没有躲过全军覆没的悲惨结局。日本的陆军占领威海卫后，将北洋海军团团围住，威逼利诱要其投降没有奏效，日军便发动攻击，北洋海军虽然奋力抵抗，但余下的战舰最终还是被逐一击毁了，海军将领丁汝昌自尽身亡，刘步蟾、张文宣等将领也相继自杀。

陆战方面，清军同样节节败退，中日两国的陆军先是在朝鲜境内打，清军打不过，日本的军队就渐渐打到了中国境内。清政府在鸭绿江防线安排了大量驻军，人数足有3万，但仅仅3天时间，这3万驻军就被日本打得落花流水，日军由此挺进中国，侵占大连、旅顺等地，并在旅顺实施了惨无人道的大屠杀，数天内杀死2万多手无寸铁的无辜百姓，整个世界都为之震惊。

中日甲午战争最后以中国惨败告终，清政府不得不屈辱求和，与日本签订《马关条约》。谈判时日本方面漫天要价,恨不能把整个中国都收入囊中,经过激烈争论,两国才最终签订了条约。条约规定,清政府向日本增开沙市、重庆、苏州、杭州为通商口岸,同时割让台湾岛及其附属各岛屿、澎湖列岛与辽东半岛给日本,赔偿日本白银2亿两,允许外国人在华投资开矿办厂。

甲午战争的失败让所有中国人都感到痛心疾首,中国的危机也由此进一步加深。之前中国爆发边疆危机,附属国一个接一个失掉,现在领土也相继保不住了。最先把手伸过来的是德国,当时中德关系尚好,甲午战争后,中德间的贸易更是急剧增长。德国为了保障其商业利益,开始打算着增加在中国的军事存在感。德国政府向清政府提出,要租借港口,用以修筑军港,储煤屯船。

鉴于当时与德国之间的良好关系,清政府也并没有马上拒绝德国,但是要清政府答应德国政府的这一要求,他们也不愿意,因为一旦德国在中国租借港口,别的国家势必会纷纷效仿。中德政府由此展开谈判,谈来谈去,也没任何结果。清政府的效率让德国痛恨不已,如果不是考虑到良好的中德关系,德国当时真恨不能把清政府痛揍一顿,然后直接抢走港口,别的就不管了。

德国不能这么做,所以只能等待机会,寻找借口,强行占领中国的港口。很快这机会就来了,在1897年11月1日,两位德国传教士在巨野被无端杀害。恰巧3天后是慈禧太后的寿辰,因此这一重大的外交事件被弹压了下来。在德国政府都得到消息之后的第三天,总理衙门居然才知道此事。朝廷对此的反应也相当缓慢,直到10天后才开始处理,下令查办,缉拿凶手。

事情到了这一步,已经来不及挽回了。德国利用这一借口不宣而战,占领了胶州湾,造成了既定事实,然后威胁清政府,如果放任他们租借胶州湾,事情就好商量,不然的话,他们非但不会退兵,反而还要继续武力征服,并要清政府赔款百万,同时对清政府实施经济封锁,断绝外国银行借债给他们。清政府被德国的强势姿态给吓坏了,赶紧同意德国的要求,把胶州湾拱手相让。

德国得到胶州湾,刺激了俄国的野心,俄国发现德国的手段真是太妙了,因此立即效仿,提出要租界旅顺和大连。俄国打着保护中国的名义,把大量的军队派到中国。根据他们的逻辑,这对中国是有好处的,因为他们不占领,别的国家也要占领,所以还是让他们占领比较好,同时他们还展示了自己的军事力量,摆出一副强硬姿态,一旦清政府拒绝他们的要求,他们就立即强占。

清政府到这时已经无可奈何了,只能把旅顺和大连让给俄国。英国政府考虑到自己的在华利益,为了平衡德国和俄国在中国日益强大的军事力量,他们也提出,要租界威海卫。中国已经拒绝不了英国的要求了,因此最终也答应了。清廷内部,其实大家也有意把威海卫租给英国,以此牵制德国和俄国的势力,利用"以夷制夷"的手段,使列强在中国维持一个相对稳定的局面。

清政府完全是被迫这么做的,他们没有力量与列强抗衡,不得不出卖一些利益来求得生存。这也证明了,几十年来的洋务运动,并没有使中国真正走上富强之路。中国的知识分子开始寻找另外的路径,把目光从洋务上面转移到了政治体制上面。大家开始意识到，只有有了相应的政治体制，国家才能真正得到长足和有效的发展。以康有为等人为首的维新派由此开始登上历史的舞台。

那时几乎所有人都主张改革，有的人哪怕连什么是改革都不懂，也照样把这个口号喊得震天响。改革是没有任何疑问的，问题是，到底应该如何改革？康有为把目光锁定在了改革政治体制上面，这在中日甲午战争之后成了主流。

甲午战争的时候，前线失败的消息逐一传来，海陆两军都被打得丢盔弃甲，经营多年的北洋海军更是全军覆没，这让所有的举人都感到悲愤不已。签订《马关条约》的消息传到北京，举人们的情绪再一次沸腾了。一直以来的爱国主义热情被彻底点燃，18省所有的举人联名上书，公推康有为写下万言书，要求拒绝对日签约和实行变法。

为了扩大影响，康有为创办报纸刊物，组织强学会，进一步鼓动舆论。他还积极地联系上层官僚，寻求他们的帮助。最后，连张之洞、刘坤一、王文韶等清廷重臣都表示支持康有为创办起来的强学会，还纷纷给强学会捐款。甚至是李鸿章,也放下姿态表示,自己愿意捐款入会。

康有为又上书一封,要求改革自强。上书中,他石破天惊地提出,要彻底改革中国的政治体制。结果这封上书投递出去,其内容把不少官员都吓坏了,他们觉得不该把这封上书呈送上去,但给事中高燮却设法把康有为的观点传达给了光绪皇帝。

四、改良才是唯一的出路

康有为的论述很合光绪皇帝的心意,光绪皇帝本身也怀着一腔改革的热情,因此很赞赏康有为的看法和眼光。朝中的大臣对康有为就并不那么支持了。康有为姿态狂妄,引起了一些大臣的反感,再加上康有为的改革方案过于激进,因此支持他的大臣并不多,反对他的大臣倒有一大堆。不过光绪皇帝还是支持他的,也正因光绪皇帝的支持,康有为的变法才能最终得以实施。

维新变法期间,和康有为一同成为维新派领袖的,还有梁启超。梁启超要算是清末民初最著名的知识分子了,他是康有为的学生,11岁就考中了秀才,名震乡邻,被称为神童。

1890年,梁启超17岁,进京参加会试,但没有考上,回去之后到学海堂求学。在这里,他的同学陈千秋向他介绍了康有为的思想。这极大地震动了梁启超,他对康有为新颖独特的学术眼光感到无比佩服,立即要陈千秋引荐。这次见面对梁启超触动很大,以前他钻研旧学,并为此沾沾自喜,康有为向他指出旧学之弊,说得他马上就把旧学给全然舍弃了,还退出了学海堂。

梁启超从此跟着康有为学习,康有为在学术上的大胆是人所共知的,对传统的学问,他的批判向来很多,着重倡导经世致用。他要学生关注改革得失,让他们学习西方著作,这极大地开阔了梁启超的视野。梁启超跟着康有为学了四年时间,这四年把他从一个传统的士人彻底转变为了一个改良主义者。后来在变法期间,梁启超和康有为都成了维新派最重要的领袖,并称"康梁"。

梁启超认为,要改变国家的现状,就要维新,就要变法,而维新变法的具体方式方法,就是学习西方,废科举,兴学校,育人才;开民智,开官智;兴民权,兴绅权;修铁路,开矿山,发展商业;练武备,练新军,发展军事等等。所谓维新变法,要改变的是人,让人拥有新的人生观,而要改变人,就要先改变制度。这无疑要向先进的国家去学习,对于国内陈旧的体制,则应毫不留情地废除。

梁启超的文章在《时务报》上一篇接一篇发出来,影响越来越大。维新变法渐渐成了舆论的主流,各地纷纷开始建立支持变法的团体。一些具有维新思想的官员,对维新人士青睐起来了,1897年,湖南巡抚陈宝箴还聘任梁启超担任湖南时务学堂的总教习。在时务学堂,梁启超不受限制地宣传着他的维新思想,大谈改良,主张引进西学,对传统旧学进行了严厉的批判。

在某些方面,梁启超甚至比他的老师康有为更加激进,有一回他居然向陈宝箴提议,让他割据自立。他仍是从爱国忠君的角度出发来考虑这个问题的,当时的社会已经到了非变法不可以图存的地步,但朝廷却始终没有动作,看这趋势以后也不会有任何动作。变法的机会既然没有，与其坐以待毙，不如割据自立，独立变法，以期来日国家沦陷的时候可以保留血脉，存种复国。

梁启超还在争取上层官僚的支持，他曾去拜访过张之洞。张之洞大力开办洋务，愿意学习西方，与维新人士还是很契合的，梁启超期望张之洞能够给予一些帮助。张之洞对维新派也确实有着不少好感，梁启超来拜访他的时候，他甚至考虑要不要鸣炮欢迎。要知道，当时钦差之类的官员到访，才能鸣炮，两司以下只能从角门出入，梁启超不过是一个举人，怎么当得起这种规格？

纵横天下的梁启超，知道张之洞打算这么做，也觉得十分惶恐不安。后来张之洞想想，以这么高的规格接待梁启超，确实有些不妥，因此取消了，不过从中却可以看出张之洞对梁启超的礼遇。在之前，康有为也拜访过张之洞，张之洞对其也是相当看重的，康有为的很多想法张之洞都表示过支持。

和张之洞接触下来，梁启超觉得他的确是一个值得争取的上层官僚，从此对他非常尊敬，以弟子自称，还大力恭维张之洞，说"今海内大吏，求其通达西学深见本原者，莫若吾师，求其博纵中学精研体要者，尤莫若吾师"，对张之洞关心时事、培养人才、发展洋务的做法，梁启超也给予了高度的评价。张之洞也非常青睐维新人士，真诚希望与之共同把中国建立成一个强盛的国家。

第四章　中国是不是需要改良

一、与康有为在学术上的针锋相对

张之洞对康有为和梁启超礼遇有加，让维新人士纷纷聚到了他的门下。作为朝廷的封疆大吏，张之洞门下人才极多。这些人才主要分为三类，一类像辜鸿铭和梁鼎芬等人，坚守传统；一类像梁启超和康有为等人，主张维新；还有一类是折中派，张之洞自己就是个不折不扣的折中派，这类人在坚守传统文明的同时，也愿意学习西方，对能使国家富强的西方技术和文化，并不排斥。

辜鸿铭知道张之洞追求富强是为了保存名教，因此尽管认为这种做法存在着令人担忧的风险，将对传统文明造成打击，但至少还能够体谅张之洞的良苦用心，像康有为和梁启超等人大谈改良，辜鸿铭就很不欣赏了，这种做法简直就是直接摧毁名教来达到富强，其结果必然是令人担忧的，看看当时先进的西方世界，富强的背后也暴露着种种问题，如果照搬西方那一套，肯定行不通。

维新人士大力倡议设立议院、开设报馆，辜鸿铭一一驳斥了他们的看法。他指出，议院正是西洋各国乱政的罪魁祸首。英国设立议院之后，权力渐渐从国王转移到议院手中，国王的权力被架空，下场悲惨。查理一世被杀死，查理二世的弟弟上台后被驱除。法国人效仿英国设立议院，效仿英国杀死国王，结果呢，国家由此大乱。美国同样想仿照这种制度，还要让民众选举国王。

在开设报馆这件事上，辜鸿铭同样持反对态度。西方设立议院，权力争夺激烈，报馆由此就诞生了，互相结党标榜，以争权势，这对国家不仅没益处，反而会导致动乱滋生，因此辜鸿铭认为，开设报馆对中国有害无益："窃恐中国士人开报馆、论时事之风渐盛，其事必至无知好事之辈创立异说，以惑乱民心，甚至奸民借此诽谤朝廷，要挟长官，种种辨言乱政流弊，将不可收拾。"

有一回，张之洞想要了解西方社会的情况，让辜鸿铭翻译一些西方报纸，不料辜鸿铭居然一口回绝了他，直言道："那洋人报纸上的东西，尽是没有根据的造谣生事之言，怎信得呢？"辜鸿铭明白表示，自己不愿意翻译西方报纸，就算是皇帝下令要他翻译，他也不翻。这话让张之洞非常惊讶，张之洞依稀还记得，辜鸿铭刚到他府上那会儿，一连给他翻译了五百多份报纸杂志呢。

刚回中国那会儿，辜鸿铭还是一个西化论者，但随着对中国文化，特别是对儒家文化深入地学习，辜鸿铭很快就转变成了一个坚守传统文明的知识分子。他在学术上，和康有为有着不可调和的矛盾。他们两人对文化的态度也不尽相同，辜鸿铭的态度是真诚的，对文化的认同与驳斥完全发自内心，而康有为提出种种学术观点，几乎都是为他的政治活动在服务，动机似有不纯。

康有为的著作主要有《大同书》《孔子改制考》《新学伪经考》等等，在这些作品中，主要思想就是反对封建专制，提倡民主共和。康有为构想了一个大同世界，并且认为，这个大同世界在未来必定会实现。他从历史乐观主义的角度出发，提出社会的变迁会经历三个阶段，从据乱世到升平世再到太平世，政治制度也随之改变，从君主专制到立宪时代再到民主共和，实现大同理想。

按照康有为的看法，清末正是这三个阶段中的混乱阶段，要完成从据乱世到升平世的阶段，就必须实行变法。清末尽管是一个国家动乱、政治腐败的时代，但那时的知识分子对国家的未来充满信心，认为只要认真学习西方国家，中国很快就能超过他们。中国地大物博，加之可以吸取西方发展中的经验，必能更快地发展，就算保守一点儿估计，要超越西方，用几十年时间肯定够了。

康有为在著作中指出，两千多年前的孔子其实也是一个改良主义者。孔子之前的历史迷乱而不可考，于是孔子假托尧舜，撰写六经，以此托古改制。康有为的目的是想要借此给自己的变法构造一个坚实的理论基础，使保守的传统士人别再阻碍变法，没想到弄巧成拙，反而激起了传统士人更激烈的抨击。他们斥责康有为表面上假意推崇孔子，实则是为了兜售他的改良主义思想。

张之洞对康有为的这个观点也表示不赞同，从务实的角度考虑，为了减少传统士人的反对，张之洞建议康有为放弃这种看法，但是康有为却执意不肯更改，坚持认为自己的看法没有错，要他改，他也不改，结果反而使自己的维新活动遭到了很多原本不必要的阻碍。张之洞后来还专门反驳了康有为，作为一个洋务派，维新派所主张的民主共和思想，是坚守名教的他接受不了的。

至于辜鸿铭，和康有为更是针锋相对了。康有为认为，《春秋》一书的主旨是改良，以达到最终的民主共和，而辜鸿铭则认为，《春秋》一书的主旨在于尊王，在于"明义利之分而本乎忠恕之教"，而所谓义，就是明白君臣大义，明白责己不责人。责人犹不可，况且国家有难，怎么能去责怪君父？辜鸿铭说，中国自春秋以来，两千多年一直非常稳定，正是靠着这种尊王的思想。

在维新人士占据舆论主流，大谈改良的时候，辜鸿铭反其道而行，力倡孔子的学说。当时，西方世界盛行的古典自由主义把社会变成了一个斗鸡场，大家你争我夺，造成了一系列的弊端，害得整个世界都倒了霉。那时世界最缺少的是和平与秩序，而中国两千多年以来最大的特点就是拥有良好的秩序。鉴于此，辜鸿铭认为，不应该是我们学习西方，恰恰应该是西方来学习我们。

辜鸿铭大力提倡中华文明，产生了不小的影响，特别是在国外，辜鸿铭声名显赫，是当时所有中国知识分子所不可比拟的。甲午战争后，当时的日本首相伊藤博文也听过辜鸿铭的大名，知道他崇尚孔子的学说。伊藤博文来到中国，会见张之洞时，辜鸿铭正在一旁，伊藤博文还调侃他道："听说辜师爷精通学术，难道还不知孔子之教，能行于数千年之前，不能行于今日吗？"

一听这话辜鸿铭就知道对方是在挑衅，他不慌不忙，淡淡答道："孔子教人的方法，好比是数学家的加减乘除，在几千年前,其法是三三得九,到了如今,其法仍然是三三得九,并不会三三得八呀!"伊藤博文见辜鸿铭这么说,一时不知道怎么回答,他想讽刺辜鸿铭一下,不料居然反过来被讽刺了。

其实,辜鸿铭的回答是站不住脚的,孔子的学说和数学计算根本不能等量观之,他把两件事混作一团,简直就像是在胡搅蛮缠。不怪伊藤博文回答不了,像辜鸿铭这种胡搅蛮缠,任谁都是回答不了的。他没有提出一个明确的观点来说明孔子的学说为什么能够行于今日,别人当然无从驳斥。

还有一回,辜鸿铭向别人解释孔子学说时提出的观点,相对来说倒是更加靠谱一些。那次他参加了一个外国人的宴会,因为会中只有他一个中国人,大家都推他坐首座。坐定之后,辜鸿铭谈了一些孔子的学说,宾客中有人问他道:"孔子之教,到底好在哪里?"辜鸿铭回答说:"刚才诸君互相推让,不肯居上坐,这就是行孔子之教。假如按今日西洋物竞天择之教,以优胜劣汰为主旨,那咱们今天这一桌酒席势必要等大家互相打个头破血流,才能动筷子吃了。"

客人们都被辜鸿铭的话给逗笑了，看这一段话，他确实指出了一直以来他提倡孔子学说的理由，那就是人们的奉献精神，能够使社会和平稳定。辜鸿铭最反感谈论功利，但他的很多观点都是从功利主义的角度出发来考虑的，目的就是为了社会的稳定与和平。在辜鸿铭眼里，我们不能带着功利目的去思考，而是应该真诚地去做，只要内心合乎道德，自然就能够收获好的结果。

二、极力推崇孔子的学说

我们可以看出，辜鸿铭的思想与孔子，完全是一脉相承的。辜鸿铭后来写了很多研究孔子的文章，在文章中，辜鸿铭分析说，孔子的学说，主要就是为了把我们塑造成一个有教养的人。我们看孔子的言论，确实能发现，里面充满着人文主义情怀。按照辜鸿铭的看法，遵从孔子的学说去行事，我们能够成为一个谦谦君子，能够拥有高雅的情操，社会也会因此而趋于稳定与和谐。

古代所接受的教育与近代所提倡的教育理念是完全不同的，近代的教育主要教我们学会的是技术，从而增加我们的竞争力，而古代的教育则教导我们做人，教我们做一个理性与温和的人。古代的饱学之士当然也有着很多不足，这一点辜鸿铭并不否认，但是他们至少拥有不少高雅的情趣，不会全身心地把自己投入到铁路、采煤、石油等工作中，满脑子想的都是怎么赚钱享乐。

高雅的人应该是这样的，他不会喜欢那种大吵大闹的宴会，他只在几个志同道合的朋友中获得快乐，他的生活是宁静的，心灵是富足的，他遵从孔子的学说，但是完全无意去建立孔子的教会，也不会强迫其他人与他一起学习孔子。高雅的人始终在不断地学习，但这种学习没有任何功利的目的，只是为了将自己塑造成一个完美的人，开拓自己的胸怀，使自己的灵魂圆满。

孔子一生都在强调教育的重要性，这种强调，与我们现在所强调的是一致的，我们现在也不希望学生带着功利的思想去学习，而是希望学生把学习当成一种提升自己的途径。孔子的教导也是如此，辜鸿铭总结说："一个好学生在研习经典著作过程中的唯一目的与目标应该是，理解生活，探究人生之道，进而懂得我们应当如何生活，如何去过一种真正意义上的人的生活。"

如果我们真正能够做到这一点，那么动荡的社会很快就能稳定下来。中国古代两千多年的社会一直很稳定，正是最好的证明。辜鸿铭认为，古代的人遵从孔子的学说，他的性格是理性和温和的，同时也是民主的，所谓民主并不是极力争取甚至争夺自己的权利，而是去承担自己的义务，有责任感。那些只知道攫取权利的人，并不是真正的民主，真正的民主应该是尽自己的义务。

孔子的学说达成了这一点，因此辜鸿铭大赞孔子的学说，将其称之为"良民宗教"。良民宗教使民众拥有一种道德自觉性，使他们懂得自我克制，在社会动荡时，依旧能够遵守着和平与秩序。而民众之所以能够做到这些，就是因为他们内心"尊王"的思想，即对权威的尊崇。康有为所提倡的那些民主共和，是辜鸿铭特别不赞同的，他认为这只能给社会制造混乱与动荡而已。

辜鸿铭对改良派批评很多,他觉得最糟糕的地方在于,那些改良主义者的水准已经变得参差不齐了。以前的改良主义者,往往要经过认真的选拔,而现在呢,阿猫阿狗几乎都能成为改良主义者。这其中有些人,在辜鸿铭看来,根本没有任何才能,除了胆子大和脸皮厚之外,完全是凭着运气才出头的。靠这样一批"胡作非为、恬不知耻"的人为所欲为,结果当然可想而知。

孟子说:"贤者以其昭昭使人昭昭,今也以其昏昏使人昭昭。"改良主义者正犯着这种毛病,他们自身还没有趋于完善,却已经开始想着去教导别人了。这正是和古代的教育不同的地方,改良主义者倡导新学,倡导废除科举,致使人们的学习理念开始产生变化,以前的人总是想着吸收知识,扩充自己,完善自己,而现在的人却想着去教导别人,至于对自己,则根本没有这种要求。

归根结底,辜鸿铭还是觉得,西方人没有资格扮演中国教师这种角色。一些西方人,以及一些拥有新思潮的知识分子引进西学，想要以此来治理中国，这是多么可笑，他们居然要去教育"那些原本就将良民宗教当成自己唯一宗教的中国民众如何去做一个良民，如何在社会道德中将自身完善，并且教育那些拥有世界上最悠久古老的历史文化的中国大众们如何去治理自己的国家"。

这件事在辜鸿铭看来，是不能接受的，但是他马上又说了，大家其实不应该觉得惊讶，"因为在如今中国的这些所谓的思想家是那样的厚颜无耻、鄙陋不堪"，最滑稽的是，这些人向中国展示的"新学"，即他们所说的治国之术，在古罗马帝国前期就已经不是什么新鲜的东西了，他们居然无聊到把这些东西提出来，然后小心翼翼地守护着，实在是精神癫狂扭曲、头脑昏聩糊涂了。

批评改良派的时候，辜鸿铭连人身攻击都用出来了，他觉得，大家被改良派给迷惑了。社会陷入混乱和无序，人们总想着要尽快脱离这种状态，走出僵局，而在这样的渴望与激动中，人们非常容易被"引诱着去考虑这样的、那样的或者某些狡诈的逃避以及诡计，特别当他是一个聪明人时，情况更是这样"，但其实这是无法达到目的的。

改良派就是这种自认为聪明的人，于是他们开始提出一些自以为聪明的计策，诸如立法机构、征税、采纳金本位制等。更有一些野心家甚至提出教育的、玄学的、数学的方法以及宪法的几何样式等花招。最让人感到奇异和不可思议的，还有那些所谓的用新式的算术法则去教育人们如何不施展骗术就能占到其父母兄弟便宜的政治经济学。而事实上这些方法完全就是无济于事的。

按照辜鸿铭的看法，要使社会重新稳定，要改良的并不是外在的事物，而是要关注人们的自我状况、品德行为、思想情感方式以及生活行为的方式。可以看出，辜鸿铭和改良主义者观念的分歧，正是中西文化最大的分歧所在，双方对待事物的态度截然不同，西方的态度主张进取，控制外物，处理事情，而中国的态度则主张和谐，主张调和自己的心灵，以获得内心圆满的境界。

辜鸿铭坚定地站在中国文化这一边，他对传统文明的坚守在当时看来是非常顽固的，但是到了今天再去看，会发现他的看法确实有很多值得我们借鉴的地方。一些维新派知识分子主张引进西方学说体系，而西方的体系最大的特点就是自由放任的政策，为了利益彼此争夺。辜鸿铭深深地明白，如果任由这种情况发展下去，对社会乃至于整个人类造成的后果都将是灾难性的。

自由放任政策最终将导致一切都可以被交易，包括人们的肉体，甚至是情感，到了今天，这种现状已经出现了。一部分人对此不能接受，因此出言反驳。

辜鸿铭就是这样一个人，他知道采用西方的政策必将导致这件事的发生，所以反对得非常厉害，他主张我们思考问题的前提应该是"义"，而不是"利"。

倘使我们把评判的尺度拉低，像古典的自由主义者所认为的那样，凡事只考虑对错，而不考虑这件事本身的好坏，那么必将摧毁社会的道德。放任自由的准则，最终将导致经济主导一切，将使人错误地评价事物，腐蚀人类的尊严，从而致使唯利是图的出现。这时候，商人经商考虑的是利益最大化，艺术家从事艺术创作，考虑的同样也是利益最大化，优美的事物将渐渐消失殆尽。

　　辜鸿铭被认为是顽固派，他顽固的地方，正在于他反对这样的趋势。其实从那时的情况来看，西方社会的前途的确令人忧虑，因此他的反对也有道理。作为张之洞帐下重要的幕僚，辜鸿铭的思想对张之洞也产生了不少影响。最初，张之洞对维新派还比较支持，但慢慢就转向了辜鸿铭一边，开始意识到康有为和梁启超等人的危险，并对他们提出警告。

　　张之洞希望康有为放弃孔子改制和立宪说，放弃彻底的改良主义立场，但是康有为拒绝了。张之洞因此对维新派加以限制，断绝了对康有为等人的资助，解散了强学会，还对《时务报》施加压力。同时，在学术上，张之洞发表《劝学篇》，提出"中学为体，西学为用"的思想，在改良的同时坚守传统。《劝学篇》的发表也传达了张之洞本身的政治态度，传达了他与维新派的决裂。

　　《劝学篇》共分为内外24篇文章，"内篇务本，以正人心""外篇务通，以开风气"。内篇宣扬传统名教，提倡三纲五常，反对改良主义者提出的平等之说和君主立宪说等。外篇主张向西方学习,以备己用。这种折中的思想调和了传统派与维新派之间的矛盾,获得了大多数人的赞同。在朝廷内部,慈禧太后和光绪皇帝对此也表示支持和赞同,下令大力刊行张之洞的这本《劝学篇》。

三、朝廷正式推动变法维新

甲午战争之后,维新思想在社会上一直占主导地位,尽管到后来大家对此有些警惕,像张之洞这样的大臣都不再大力支持改良派了,但改良派依旧声势浩大,并且得到了光绪皇帝的鼎力支持。1898年6月11日,维新运动达到高潮,光绪皇帝颁布《明定国是诏》,正式对外宣布,实行变法维新,史称"戊戌变法",整场变法前后进行了103天,因此又被称为"百日维新"。

变法期间,朝廷颁布了大量变法措施,奖励农学、鼓励民间开办工厂,裁汰八旗、绿营,编练新军,废除八股改策论,兴办学校,开高、中、小学堂,还裁减了大量可有可无的官员等等。几乎每隔几天,甚至是接连几天,都有新的政策出台,不过,这些政策却很少被认真执行。

在清廷的高层中,光绪皇帝确实热心改革,但是实权不在他手里,在慈禧太后手里,因此他的主张也并不能够顺畅地得到实施。再者,主导变法的康有为锋芒太露,遭人嫉恨,也给变法增加了不少阻力。变法实施一阵子后,光绪皇帝也觉得事情非常难办,怎么变来变去,效果还是不理想,因此到8月份,光绪皇帝下诏,广开言路,使下级官员和民众能够顺利地上书言事。

这场变法的力度应该是很大的,短时间内经历了这样的巨变,也使很多人觉得难以接受。在人事任免上,光绪皇帝的表现非常激进,裁减了大量的部门和官员,这些部门和官员在当时已起不了多大作用了,留他们在,确实是对国家资源的一种浪费,但是一下子就把他们裁掉,对官场产生的动荡和影响却也非常大,考虑到朝廷的稳定,慈禧太后认为光绪皇帝不该操之过急。

因为这件事,光绪皇帝还和慈禧太后争吵了几句。光绪皇帝那时真的不知道自己该怎么办了，慈禧太后对变法似乎有所保留，不愿意将那些昏庸的大臣全部罢黜，他多次进谏也无济于事。看来，他的权力实有不足，这种情况下，他该如何行事，才能使"旧法可以渐变，将老谬昏庸之大臣尽行罢黜，而登英勇通达之人，令其议政，使中国转危为安，化弱为强，而又不致有拂圣意"？

在这场政治风波中，改良派行事过于雷厉风行，已经激起了众多官员极大的反对。为了缓解朝中此刻存在的政治危机，底下的官员建议光绪皇帝，让康有为暂且离京。光绪皇帝最终接受了这个建议，他下旨让康有为迅速离京，到上海去督办官报，怕他不走，又派人传口谕给他，要他迅速离开京师。

康有为推行变法，处在政治旋涡之中，是非常敏感的，甚至都产生了被害妄想症。他总以为，朝中有一个以慈禧太后为首的顽固派，正誓死反对变法，光绪皇帝虽然支持变法，但他自身难保，也处在危险之中。光绪皇帝下旨让他离开，同时派人传口谕给他，这太不寻常了，又让康有为胡思乱想起来，他推测到，光绪皇帝可能已被慈禧太后控制，好不容易开展的变法将中途夭折了！

当时的情况已经到了万分危急的时刻，康有为找来了谭嗣同、梁启超等人商量对策。大家分析下来，都觉得光绪皇帝的情况堪忧，慈禧太后很可能已经重新夺权，囚禁了光绪皇帝。说到这里，在场的人无不义愤填膺，恨不能飞奔过去把光绪皇帝给救出来。事实上，最后他们构想的计划正是如此，为了拯救光绪皇帝，他们决定用武力控制事态，带兵包围颐和园，迫使慈禧就范。

情急之下要组织一支军队，那是相当困难的，因此，他们决定冒险去拉拢袁世凯，让他带兵进京，劫持慈禧太后，逼迫她放权，同意光绪皇帝进行变法。谭嗣同自告奋勇，连夜去找袁世凯。据袁世凯的儿子后来回忆，那晚谭嗣同来后，径直闯入袁世凯的书房，一手拿着枪，一手拿着本册子，要袁世凯签名。袁世凯最初有点儿犹豫，后来还是签了，不过他的心里仍然对此非常纠结。

那晚袁世凯想了很多，谭嗣同对他说，要他带兵包围颐和园,劫持慈禧太后,这让他感到惊惧不已。思前想后,他还是觉得,康有为、谭嗣同这些维新人士,是要把他给害死了,他不能同意帮助他们这么做。之前史学界一直认为,袁世凯两面三刀,表面上同意谭嗣同的计策,暗地里却向慈禧太后告密,使得慈禧太后掌握了主动,在维新人士发动政变之前,率先发动了政变。

其实这个结论是不正确的,慈禧太后是在八月初四发动政变的,而袁世凯告密的时间是八月初六,根本搭不起来,而且在戊戌政变后,袁世凯也没有得到慈禧太后的赏识,反而被批了一顿。如果我们把事情的来龙去脉理清楚,就会发现,戊戌政变并不是由袁世凯告密引起的,而是慈禧太后和光绪皇帝的矛盾达到了不可调和的地步,慈禧太后蓄谋已久,主动发起了这次政变。

袁世凯是在政变后才把谭嗣同半夜来访的事情抖出来的,这下可把那些维新人士给害惨了。朝廷开始大力捕杀他们,康有为和梁启超不得不出逃海外,谭嗣同、林旭、杨锐、刘光第、康广仁、杨深秀等人慷慨就义。光绪皇帝被幽禁在瀛台,慈禧太后大骂了他一顿,说他忤逆不孝,但事实上光绪皇帝也不知道康有为等人的计划,不过他的解释,苍白得根本无人会去相信。

慈禧太后宣布重新实施"训政",再次从幕后走到了前台。从此光绪皇帝彻底成了傀儡。如果说之前他们之间的分歧还能调和,到了这时候,也就势不两立了。

戊戌变法最大的特点就是学习西方,发生政变后,这一理念开始受到强烈的质疑。康有为和梁启超等人鼓动变法,提倡学习西方,最后的结果居然是要带兵劫持太后,这在当时看来实在是大逆不道的行为。光绪皇帝虽然支持变法,但他和慈禧太后之间也并没有到水火不容的地步,慈禧太后抚养他长大,他对慈禧太后还是有感情的,因此,就算是光绪皇帝,对这种做法也感到震惊。

戊戌政变后,大家一致痛斥改良派,由此对西方社会也开始产生反感,排外的情绪空前浓烈。作为此时清王朝的掌舵人,慈禧太后对西方世界也开始产生抵触情绪。原本慈禧太后就倾向于跟俄国结盟,这时对西方更加没有好感了。戊戌政变的时候，西方人士还协助康有为和梁启超逃亡，拒绝引渡他们，任由他们肆意办报撰稿，攻击慈禧太后本人，这当然是完全超出她的承受底线的。

民间对列强的排斥就更加激烈了。西方列强一再侵略中国，战后传教士和外国人士大量涌入中国，与中国民众之间发生的冲突许许多多，加之西方工商业对中国本土工商业的冲击，致使大量百姓失业。无巧不巧，戌戌政变后的那几年，又连年天灾，百姓的生活更加困难了。在这种情况下，百姓们当然觉得，应该要有人为此负责，想来想去，西方人无疑要承担大部分责任。

面对中国朝野一致的排外情绪，西方人还不自觉，依旧毫不收敛地干涉中国内政。康有为和梁启超逃亡国外后，在国外成立"保皇会"，捏造两宫矛盾的谣言，攻击慈禧太后，声称要帮助光绪皇帝复位，拯救中国于水火之间。西方人全然听信了他们的一面之词，真的认为光绪皇帝掌权后，中国与西方之间能够有一个更好的交流平台，因此对康有为和梁启超等人帮助很多。

康有为和梁启超在海外的活动，目的当然是为了帮助光绪皇帝，但从效果上看，这实在是要害死他。慈禧太后见维新人士还把光绪皇帝当成希望，觉得留他在，将会产生太多的麻烦。光绪皇帝原本身体就不好，戊戌政变后更是病倒了，没过多久，他就一病不起。正好利用这一点，朝中的一些守旧派，很可能就是慈禧太后本人，决定暗中毒杀光绪皇帝，并最终真的把他毒杀了。

1900年，朝中就开始寻找光绪皇帝的继承人，因为光绪皇帝没有子嗣，而且疾病缠身，朝中大臣不得不开始考虑这个问题，最后决定立端郡王载漪的儿子溥儁为大阿哥，史称"己亥建储"。从情理上讲，这是合乎逻辑的，但在维新派看来，这无疑是一个阴谋，意在毁灭以光绪皇帝为首的改良派，因此他们极力反对建储，但这只能使慈禧太后对光绪皇帝更忌恨而已。

1900年，除了建储事件之外，义和团也引起了大家的注意。义和团原叫义和拳，起源于山东，在1899年才传播出去，但发展很快，短短几个月时间，就在华北平原上遍地开花,甚至蔓延到了东北。义和团打着对抗洋人的旗号,在当时排外情绪高涨的背景下,迅速发展起来。

其实这种秘密结社组织,中国历来就有,但一般都是民间组织起来对抗朝廷的。义和团属于白莲教的一个分支,最初就是为了"反清复明"而创建起来的,但是到了清朝中叶,清政府在中国逐渐稳定,反清复明看上去是实现不了了,何况那时天下太平,大家也不想冒着杀头的危险对抗朝廷,他们还想好好生活呢,因此反清复明的秘密社团,就成了强身健体的武术团体。

鸦片战争之后,情况改变了。大量的外国人涌入中国,他们仗着洋枪洋炮,在中国境内横行不法,加之那些传教士,纵容自己的教民胡作非为,甚至有些传教士自己都介入政治生活之中,鼓吹政府瓜分中国。这势必会引起中国民众的反感,因此激起了很大的反抗。甲午战争之前,这种反抗就存在,到了甲午战争之后,这种反抗愈演愈烈,最后终于彻底爆发了。

这种斗争最激烈的地方是在山东。自德国强占胶州湾,山东成了德国人的势力范围,他们在山东大开大挖,发展经济,但并没有给山东人带来什么好处;反而他们开矿山和修铁路时,还强占山东居民的民房,把不少居民家的祖坟都给掘掉了,这种伤害对他们来说无疑是难以承受的。甲午战争时,山东首当其冲,又倒了很大的霉。民众活不下去了,就聚集起来反抗了。

在中德就胶州湾事宜达成协议的时候了,当时中德之间的约定是,德国开发山东,需要的土地由中国政府提供,德国方面不介入,但是清政府根本无法有效地提供土地。德国修建铁路往往强占居民住所,很少甚至不给居民任何补偿,这势必会激起民众的反抗,而清政府对此却无可奈何,民众聚集在德国当局闹事的时候,清政府事实上还是纵容的。

德国公使见清政府无法有效管理民众,只好自己出手,一有动乱就派兵镇压,非常血腥暴力。其他国家在中国的行径大致相似,这增加了中国民众对外国人的仇视,加上那几年天灾不断,中国本土经济衰败,那些灾民和失业的流民就自发组织起来,最终促成了义和团的产生。到了1900年,义和团壮大起来了,他们与外国人的冲突也日益增多,最后终于到了不可收拾的地步。

对于义和团,朝廷还是持同情态度的。这些民众确实有冤屈,朝廷没帮他们解决,反而出兵镇压他们,这就太不地道了,因此,官员在处理义和团问题时,并没有严厉地镇压,反倒有些纵容。到了后来,一些官员更是感到,义和团其实是一股对抗外国的可用力量,与其出兵镇压他们,将他们推到国家的对立面,不如引导他们进入体制内,作为对外交涉的一个筹码。

山东境内的问题由此复杂起来,这时,英国的一个传教士在山东被杀。英国、法国、德国、美国、意大利五国公使组团向清政府表示抗议,要求他们处理。之前外国公使还提议,让袁世凯接任山东巡抚。袁世凯早年驻扎在朝鲜,拥有国际视野,在对待义和团的问题上,外国公使相信他会更有能力。朝廷同意了让袁世凯接任山东巡抚,他上任之后,对义和团的确非常强硬。

袁世凯真刀真枪的做法给义和团造成了很大的压力，但这并没有使之解散，反而把他们逼出了山东，形成一股更大的洪流。又因为英国传教士在这当口被杀，列强对朝廷的抗议更加密集了。而这时，朝廷立溥儁为大阿哥，列强对此居然毫无表示，连起码的礼貌都没有，这让朝廷非常恼火。鉴于此，朝廷对列强的抗议也无动于衷，一直拖着，没有任何表示，也不做任何处理。

朝廷纵容的态度让义和团迅速发展起来，甚至大摇大摆地进入京津地区，最后甚至到连王公贵族都加入的地步了。各国公使拼命要朝廷解决义和团的问题，但朝廷就是拖着不给处理。表面上，清政府答应会取缔义和团，可其实上根本没有这方面的动作，反而还在利用义和团，作为对外施压的手段。列强确实感受到了压力，见清政府无力解决这一问题，便开始倾向于自己出兵镇压。

当时的情况已经到了近乎失控的地步，义和团公然打出了"灭洋"的旗号，携带兵器，专杀洋人。义和团宣传，今日中国之混乱全是外国人造成的，在那几年里面，天灾不断，干旱连年，上天不下雨，也是外国人造成的，他们"传邪教、立电杆、造铁路，不信圣人之教，亵渎天神"，总之，罪过很多，一切问题都是"洋鬼子捣乱所致"，想风调雨顺，就要杀光洋鬼子。

由此，义和团开始拆电线，毁铁路，杀洋人，各地的教堂相继被焚，诸多教民也被无端杀害。当时在中国的外国人看局势发展到了这样的地步，人人自危，纷纷恳请国家派兵前来保护他们。朝廷在这时也知道局势有点控制不住了，他们想着要处理义和团了，以免产生更大的危害，祸及自身，但此时义和团早已发展到不受控制的地步了，朝廷的严厉态度也没有产生任何效果。

四、日趋严重的北京局势

考虑到当前局势的恶化，清政府也开始决定认真处理义和团，但是列强至此已经不再相信清政府了。他们调集了近千人的军队进入北京，保护使馆人员的安全，同时希望能够吓住义和团。不料这种做法根本没有收到任何效果，义和团看到列强的军队进入北京，也跟着一起进去了，聚集在北京的义和团团员越来越多，就跟赶集似的，他们是要和列强拼命，看起来却像参加聚会一样积极。

清政府见到列强调兵遣将，嗅到了一丝危险，意识到可能与列强之间发生的冲突。原本打算镇压义和团的清政府，这时态度又不坚决了。如果真的和列强打起来，义和团这种民间组织也是一股可以利用的力量，因此，清政府对义和团的态度又宽容了很多。列强见清政府做出这种姿态，调集的军队越来越多，与义和团发生的冲突也越来越多，要代清政府剿杀拳民。

列强的做法大大刺激了清政府，端王因为不满列强在建储事件上的轻慢，对列强相当敌视，在慈禧太后面前肆意挑拨，声称列强不满慈禧太后，要推翻她的统治。这触到了慈禧太后的软肋，使她对列强的态度也强硬起来。她不再对义和团进行镇压，还起用了一些极端排外的官员。列强觉得，要与清政府和谈，那是再也不可能了，中西关系由此彻底决裂。

各国公使见局势发展到这种地步，对和平解决事态都不抱希望了。之前对中国尚且友好的俄国公使，也表示这次是无可奈何了。他对各国公使说道，看来，现在是没他们什么事了，剩下的事只有依靠海军大将来处理了。各国公使也认同这样的看法，大家一致觉得，到了现在这种地步，武力解决是唯一的方法了。很快，列强们便在天津组成了一支联军，浩浩荡荡地朝着北京进发。

根据列强的说法，这支联军的目的是为保护使馆人员、传教士以及侨民，联军的规模的确不大，如果说列强想要靠着这支军队打翻清廷部队，也是不切实际的。但清政府对列强的这一举动却不这么想，列强调动军队向北京进发，清政府认为，他们这是不宣而战，因此要他们停止前行，并对他们说，他们的人员在北京绝对是安全的，清政府有能力保护他们，而这显然不符合实际。

这时，义和团听闻列强组成的联军往北京进发了，马上前去拦截，并把他们打了回去。这下问题大了，列强们一致认为,要使在京人员得到保护,必须用武力确保京津地区的交通通畅,占领大沽炮台。对列强来说,这一战已经是避免不了的了。就清政府而言,他们也意识到与列强开战是早晚的事情,因此开始招抚义和团,打算与民间力量合作,一起对抗列强的入侵。

列强这时还没想着要与清政府决战,他们只是想救出在北京被围困的本国人员,但是要达成这个目的,除了武力途径之外,他们也实在找不到别的方法。之前被义和团拦截的联军与各国海军舰队司令失去联系的一个星期后,列强做出决定,占领大沽炮台。他们知会守卫大沽炮台的清军,尽快让出阵地,好让他们能够进入北京,救出被困的人员,而这一要求当然被拒绝了。

大沽炮台守卫有3000名清军,最高指挥官是总兵罗荣光,他接到列强的照会,要他撤离大沽炮台时,立即予以拒绝,同时向直隶总督裕禄和海军统帅叶祖珪发通报,要他们救命,但是他们根本没有来救他。裕禄向他表示,他自己的情况都很艰难,要救他根本不可能。罗荣光最后只能孤军奋战,但力有不逮,与联军激战几个小时之后,大沽炮台还是被他们攻破了。

清政府得知列强打算强行索要大沽炮台,都觉得这要求实在太过分了。如果同意他们的要求,朝廷还有什么尊严可言。大臣们普遍认为,对于联军的蛮横要求应该予以拒绝。清政府摆出了强硬的姿态,通知各国公使,表示联军的提议实在过分,既然他们要来挑衅,清政府除了接招之外,别无其他方法。因此,清政府知会公使们,限他们24小时内必须离开北京,去往天津。

各国公使得到这个消息都吓坏了,完全不知道该怎么办。要他们在24小时内撤离,这肯定难以实现。当时通讯和交通都不好,要把家人和侨民聚集起来,组织他们撤离,短时间内根本做不到。德国公使认为,为今之计应该联合起来,去往总理衙门,与清政府商谈,至少要他们宽限点儿时间,24小时太短,无法撤离全部人员。

德国公使的提议完全是为大家考虑,但当时的情况太混乱了,清政府已经要他们撤退了,他们不撤退,还想着要去讲条件，这无疑是一件危险的事情，因此，对德国公使的提议，所有的公使全部表示反对。德国公使虽然没有得到大家同意，但他仍然认为自己的想法非常妙，最后他不顾反对，带着秘书，坐着轿子，前往总理衙门，想要向清政府表达意见，结果在路上被击毙了。

发生了这样的事情，公使们对清政府再也不抱什么希望了，双方之间几乎中断了一切交流的渠道。公使们退守使馆区，组织防御，而联军大部队则在天津集结。到了1900年8月4日这一天，八国联军集结了两万人，朝着北京进发了。而清军当时有十万人驻扎在京津一线，不过这么多清军并没有对联军形成有效的抵御，到了8月14日，仅仅十天时间，联军就攻破了北京的防线。

清政府与列强虽然打到了这种程度，彼此之间其实并没有完全对立的意思。公使们退守使馆区后，清军还帮着守卫，阻止义和团的进攻。联军进入北京，也只是想救出在北京的被困人员，解决义和团的问题而已。因此，联军即将攻进北京，他们还劝朝廷不必离开，保证将会确保两宫的安全。但这种保证谁也不敢相信,在联军攻破北京时,慈禧太后还是带着光绪落荒而逃了。

从义和团到八国联军入侵北京,其过程和原因是相当复杂的。按照辜鸿铭的看法,他觉得,从中国方面讲,这一切完全情有可原。民间结社组织在中国历来就被允许存在,当国家动乱,朝廷还会鼓励民间自主结社,主动承担保卫责任,以前这种结社称为"保甲",现在则称为"团练",义和团就是这样一种组织,这种组织存在的目的主要是防御入侵。

看义和团这个名字,就知道这个组织是多么的善良。义和团的意思是"善良、忠实、可靠之民众组成的友好团体",主要以练拳术来锻炼身体、保卫国家。我们知道,最初义和团的宗旨确实如此,但是渐渐地,事情的发展使义和团的宗旨产生了偏离。这其中一部分人,开始背离防御的宗旨,变得富有攻击性,陷入了狂热的状态。不管是对朋友还是敌人,这都是一场灾难。

不可否认,义和团有着极大的破坏性,但造成这件事的原因,部分却出在西方人身上。大量的传教士云集中国后,仗着自己国家的强大，在中国不受约束，造成了与中国本土民众之间的冲突。义和团之所以那么敌视西方，很大程度上是由西方人自己造成的。本来，这件事其实可以有一个更好的解决方法，但因为彼此之间缺乏沟通和理解，导致情况变得不可收拾。

辜鸿铭认为，造成事态发展到这种地步，维新派有着不可推卸的责任。在甲午战争后，维新改良成了国家的主流，但这种主流之中又包含着许多思想倾向和不同的论调。像康有为一派的论调，无疑是激进的，渴求得到立竿见影的效果，甚至不惜颠覆大清王朝。而慈禧太后一直被认为是顽固派，阻碍变法，其实这是一种误解，慈禧太后同样赞成变法，只不过不那么激进。

我们常常以事实来评判依据的准则是否准确，譬如在甲午战争之后，人们开始意识到洋务运动的不足，在戊戌变法失败后，又明白了改良主义的不切实际。以同样的方式来评判，那么，看看慈禧太后掌权时对西方的态度，我们就不得不赞同辜鸿铭的看法，不管是在洋务运动之中，还是后来的清末新政,慈禧太后都并不极力抵制西方,只不过行事上比激进派温和而已。

同样现代的研究者得出的也是这个结论,但是当时,在康有为等人的攻击下,慈禧太后被塑造成了一个顽固的形象。这造成了西方人对慈禧太后的误解和不信任,戊戌政变后,西方对慈禧太后更是有所保留,希望她能够归政于光绪皇帝。这就促使清政府与西方形成了对立,这种对立与分歧后来渐渐地变得越来越大,致使彼此之间再也难以沟通,最终发展到了不得不战的悲惨地步。

由于种种原因,要使中西方达成和平,确保国家之间的关系正常运行,辜鸿铭认为,最重要的是应该停止对慈禧太后的冒犯。辜鸿铭建议英国女王立即拍一封电报慰问慈禧太后,同时要求列强在通商口岸的报纸杂志,停止随意发表攻击和污蔑慈禧太后的言论。如果列强能够与慈禧太后之间达成谅解,那么双方之间的关系必能尽快回到轨道上,国与国之间也能和平相处和发展。

第五章　辜鸿铭对中西文明的看法

一、重启维新改良

当义和团事态发展到难以收拾的地步时,张之洞、刘坤一等督抚大臣都纷纷表示,纵容义和团,最终导致和列强开战,这是极不明智的做法,会使中国蒙受巨大的损失。张之洞和刘坤一坚决反战,他们向军机大臣荣禄发表意见说,自古以来还从来没有听过,一个国家和六七个强国同时开战,能够打赢的,如果最后真的与列强到了决裂的地步,致使兵祸连年,后悔就晚了。

当时,英国人对即将来临的大战也感到惊慌不已,他们控制着长江流域地区,那里有着巨大的利益,一旦战乱蔓延到南方地区,会给他们造成极大的损失。看着北方的局势一步步走向恶化,英国人开始谋求与南方督抚合作,确保南方地区的和平。就这样,他们找到了张之洞和刘坤一,向他们表示,如果他们有意确保南方地区的和平,英国将协助他们保障南方的和平与秩序。

张之洞和刘坤一对英国人的提议都很感兴趣,李鸿章、袁世凯等大臣也赞同东南互保,在督办铁路的盛宣怀的牵线指引下,东南互保正式开始谈判。张之洞派遣辜鸿铭前往上海,与各国领事商谈。这一举动引起了众人的诧异,辜鸿铭性格刚烈,对洋人向来不满,要他去和洋人谈判,这怎么得了?

辜鸿铭抵达上海的时候,大家担心的事发生了。他见到洋人就开骂,先骂外国人怎么欺负中国人,再骂教堂,骂洋教士,接着骂维新变法;对于义和团,他也没有赞扬,因为这实在赞扬不起来,不过他还是不认为中国人有什么错,这全是被外国人给激出来的。绕了一圈,辜鸿铭就又开始骂外国人了。

第一次会见英国领事的时候,他们两人谈了一个小时,正事一句都没谈,英国领事也没说上一句话,辜鸿铭独自骂了一个钟头。骂完之后约定下次见面,下次见面,辜鸿铭再骂一个钟头。那英国领事的涵养功夫也真叫好,接连两次硬生生地听辜鸿铭骂了两个钟头。骂到后来那英国领事受不了了,抱怨辜鸿铭只知道骂人,不谈正事,现在骂人也没什么实际用处,为什么不把正事先好好谈妥呢?辜鸿铭淡然答道:"你承认我的话正确,下次就可以谈正事了。"

辜鸿铭用这种态度跟英国领事谈话,最后居然把东南互保事宜给谈下来了,实在是一个奇迹。但在这时,朝廷向各国宣战,张之洞又开始忧虑起来了。他的东南互保与朝廷旨意相悖,再实施下去,恐有抗旨之罪。正当他为此感到担心时,辜鸿铭打消了他的疑虑,告诉他,这么做完全没问题。

辜鸿铭解释道,慈禧太后的旨意虽然是与各国开战,但其宗旨不过是为了国家的利益,避免生灵涂炭、国破家亡。北方地区不得不用武力的方法达成这个目的,但在南方地区不同，可以用和平的手段实现这一点。因此，从本质上讲，东南互保与宣战的出发点是相同的。后来慈禧太后也的确没有怪罪张之洞和刘坤一等人，反而明白表示，他们实施东南互保的策略，是正确无误的。

义和团攻陷北京的一个月后，李鸿章奔赴北京与列强谈判。值得注意的是，列强不仅要求清政府赔款、道歉，同时还极力要求清政府严惩肇事大臣，对那些排外人员实施惩治。这一点李鸿章其实也想到了，如果不惩处几个大臣，难以平息列强的怒火，但那些大臣实在太大，很多都是皇亲国戚，李鸿章也得罪不起，因此没有弹劾他们，不过列强还是把这当作重要条件提出来了。

清政府打不过列强，他们提出的条件，清政府也不能不同意。最终，清政府和列强达成共识，判处端王载漪、辅国公载澜死刑，然后以皇帝的名义赦免死刑，流放至新疆，永远监禁。剥夺董福祥兵权，予以严惩。处死英年、毓秀、启秀等官员，对于已经死亡的李秉衡、刚毅等官员，处以追夺原官、撤销恤典的惩罚。此外，地方上几十个排外的官员，同样被追究责任,处死流放。

到这里,义和团事件算是告一段落了,列强成功地打击了清政府内部的排外官员,清政府自身也认识到,排外的做法对国家并无益处。流亡期间,清政府以光绪皇帝的名义颁布了一道罪己诏,承认戊戌政变之后的排外倾向存在着错误,之前变法维新,努力学习西方,方向上其实是正确的。这份罪己诏很长,官话连篇,但是主旨确实指出了,清政府应该继续实行变法维新。

自1898年那场政变以来,朝中人士都不愿意提及变法,对改良维新已经有心理阴影了,就连光绪皇帝,也觉得这段往事不堪回首,但是如果不变法、不维新,国家几乎难以存在下去。袁世凯和张之洞等大臣纷纷提议,应该重启改革。事实上,就算当时清政府不愿意那么做,列强也会强迫清政府改革,与其让列强主导,不如主动改革,积极进取,使中国能够尽快融入国际社会。

袁世凯、张之洞、刘坤一等大臣接连上书,提议改革,奏折一封接一封呈递上去,终于把朝廷说动了。在当时的背景下，大臣们也普遍意识到，改良是唯一的出路，如果因循守旧，无法博得列强的谅解和宽宥，他们再带兵打过来，那就太吓人了。慈禧太后也觉得，除此之外没有别的办法了，因此最终同意了大臣们的提议。

1901年2月，清政府下达了一份诏书，称要变法自强。诏书中说，取西方之长，去中国之短，实行变法维新，这条路是正确的，康有为当年的危机意识也并没有错误。但是清政府绝不承认当年康有为在具体操作的时候有什么可取的地方，依旧痛斥康有为，借变法之名行阴谋之实。现在，朝廷一心变法，将会更实际、更有效地改良维新，将中国带上一条富裕强盛的道路。

在某些方面，清末新政的改革力度、深度和广度，都要比戊戌变法更胜一筹，但指导改革的思想准则还是之前的老调子，学习西方要不忘传统，要结合中国国情等等。从理论上来讲，这样的话没错，但是这么说，在实际操作的时候，就会给守旧派以借口。好在由于义和团运动，当时朝中的守旧派几乎被赶走杀光了，剩下的人也噤若寒蝉，就算不同意,也不敢反对了。

事实上,八国联军攻入北京,也的确唤起了大臣们的危机意识,那时候和1895年甲午战争失败时一样,大臣们也都在想着要变法自强。清政府流亡期间,两宫下达变法的上谕,很快就有大臣上书,谋划实施。袁世凯是反应比较迅速的一个人,立即呈上奏折,对变法提出了九条建议,为慎号令、教官吏、崇实学、开民智、重游历、定使例、辨名实、裕度支、修武备。

袁世凯大力倡导变革,但他所提的建议,还是相当温和的。戊戌变法之中,康有为等人动辄要改革政治制度,大刀阔斧,雷厉风行,像是要给国家动一个大手术。相比起来,袁世凯的改革方案,简直就像是配点儿感冒药一样。袁世凯对变法不可谓不热心,只是戊戌变法实在过于激进,导致改革中途夭折,大家吸取了这个教训,再次提议新政,都持比较稳重的态度,想逐步推进。

张之洞和刘坤一也联名上奏,表达自己对改革的建议。他们一个奏折接着一个奏折,接连上奏三次,称为"江楚会奏变法三折"。这三份奏折加起来四万多字，第一份奏折主要讲培养人才，改革教育，第二份奏折主要讲政治，清除历年的积弊，第三份奏折主要讲军事、法律、商业等，发展国力。这三份奏折囊括了很多，但就其内容而言，其实也没有超过戊戌变法的框架。

这时大家的想法还比较一致，希望变法能够稳妥地进行，哪怕慢一点儿，只要一步一步地在这条路上走，国家早晚会强大起来。而变法的关键所在，就是能够在多大程度上学习西方。在朝廷发布上谕表示变法的时候，张之洞获悉，两宫虽然主张变法，同意变法，但对西方仍然有所保留，这是他特别不愿意看到的事情，西方的强大有目共睹，要自强必须学习西方。

张之洞很快就致信军机大臣，一再向他强调，中国唯一的机会就是变法，而变法就是要向西方学习。如果不能做到这一点，不仅国家无法富强，西方见中国依旧顽固，也不会平等地对待我们，到时我们日日受制受辱，国将不国。中国以后要成为世界大国，不仅仅是军事、财富上的强大，更重要的是要有现代化的政治理念和制度，只有这样才能赢得世界的尊重，真正屹立于强国之林。

二、改良教育制度

慈禧太后对张之洞等人的意见还是相当重视的，"江楚会奏变法三折"在之后的改革中成了行动纲领。1901年9月7日，清政府与列强签订《辛丑条约》，列强随之退出北京，流亡的清政府重新回到紫禁城，由此开启了清末改革之路。和1898年的改良维新一样，这次新政同样也是从改革教育制度开始的，废除了延续千余年的科举制度。在这件事上，张之洞是倡导最积极的一个人。

1898年的戊戌变法，康有为和梁启超等人大力推行教育制度的改革，由于过分激进，结果改革没有最终实施起来，反倒引起了官场大地震。几年过去了，国内的政治环境有所改变，把当时半途而废的改革再提出来，实施起来就没有多大阻力了。科举制度在当时确实与社会严重脱节，对于八股取士制度,历来的攻击就不绝于耳,废除科举,正顺应民心。

慈禧太后最终也同意了废除科举,但她担心这么做会失去士人之心,因此,还是想要通过稳妥的方法进行改革,预计用十年时间,逐步废除科举制度。要知道,科举制度足足延续了一千多年,用短短十年的时间废除它,已经是非常快了,但就算是这样,张之洞也还是觉得太慢了,就算是立即停止科举,创办学堂,要培养适合当前社会的人才,也要十多年,如果再慢十年停止科举,要把人才培养出来,至少得二三十年,而当时的中国根本等不了这二三十年。

张之洞的建议很快得到了回应,废除科举的脚步也加快了,1905年,科举制度被彻底废除了。新的教育制度按照张之洞的构想,开始建立起来。张之洞参考先进国家的教育制度,提出了德、智、体并重的教育思想,他认为,这三者应该以德育为主。作为服膺于中国传统文化的张之洞,对道德向来很重视,西方教育制度之中恰好也重德育,张之洞当然要将之着重提出来了。

同时,张之洞还非常重视出外留学人员,建议朝廷放开学生出洋留学的限制,还为此设立了制度方面的保障,鼓励留学。1903年,清政府颁布了奖励留学生章程,对在国外获学士学位的人,考虑给予进士出身,对在国外获博士学位的人,考虑给予翰林出身。这极大地刺激了学生出外留学的热情,引发留学高潮,特别是在日本留学的学生,到1907年的时候达到了1.5万多人。

新政对教育的改革,目的在于培养为国家服务的人才,希望能够稳定清政府的统治,但最终产生的结果却与之截然不同。那些出国留学的学生不是忙着思考建设祖国,而是忙着搞革命去了,想要把腐朽的清政府推翻。科举制度废除后,大量的士人进入学堂,从只接触传统的儒家文化到接触各种新思潮,观念也开始渐渐改变,不少人走上了批判甚至是革命的道路,反而加速了清政府的垮台。这显然不是张之洞愿意看到的事情,但他确实起到了一定的推动作用。

朝廷发布变法上谕之后,关于对改革政治体制的事宜,很快也被提上了日程。当时官民一致要求,实行君主立宪制度。早在1901年4月，张之洞就给多位封疆大吏发电报，提出要实行立宪政治。张之洞认为，这是变法的关键所在，虽然在当前中国的环境下，说出来有点儿惊世骇俗，不过实行立宪政治，确实是"变法第一要紧事"。张之洞建议，朝廷应该仿照西方政治制度，设立议院。

按张之洞当时的想法，中国目前由于民智未开，只适合设立上议院，下议院则断不可设。虽然张之洞主张立宪，不过他对立宪的态度也并不那么坚决，仍然有所保留。比起戊戌变法时期，张之洞在这方面已经有了很大的进步，不过依旧还没有彻底放开对改革的态度，究其原因，可能还是由于他维护三纲五常和正统名教的心理在作祟，让他无法断然接受中国立即实行立宪政治。

张之洞的态度还比较老成持重，认为立宪应该缓缓进行，不过虽然要缓，却是势在必行。1904年到1905年期间，日俄战争爆发，实行立宪政体的日本，最终打败了实行专制政体的俄国，这激起了人们呼吁实行立宪的热情。那阵子几乎所有人开口闭口都在谈立宪，很多人都认为，日俄战争其实是两种不同制度的战争,日本的胜利表明了,要使国家强大,必须实行立宪。

1905年7月,张之洞、袁世凯等多名大臣联名上奏,请求朝廷派遣大臣出外考察立宪国家的政治制度,用十二年时间,实现立宪政治。这封奏折很快得到了回应,上奏不足十天,朝廷即下达谕旨,派遣五位大臣出洋考察,摆出了要改革政体的姿态。结果五位大臣出发的时候,乘坐的列车被革命党人炸毁,这吓得朝廷更是加快了改革的进度,以缓和民众和朝廷之间的对立。

以载泽为首的五位大臣分别考察了中西十几个国家,参照了日本、英国等国家的政治制度,随即他们便纷纷表示,立宪对国家有百利而无一害。1906年,五位大臣回国,无不奏请立宪,并建议缩短时间,用五年时间完成政治制度的改革。不过,一些大臣对此还是有所犹疑,有的甚至公开反对立宪,认为立宪会妨碍君主大权,损害满人集团的利益,建议慈禧太后慎重考虑。

这时载泽向慈禧太后上了一道密折,极力奏请立宪,提出观点说,立宪可以使皇位永固、外患渐轻、消弭内乱,对君主、国家以及人民来说,都是有好处的。这份密折对慈禧太后起到了一定的影响,原本她就比较赞同立宪,因为这不会损害她的利益,反而会使她从中获益,当然要赞同,现在更坚定了这样的决心。因此,1906年的9月,朝廷正式发布上谕,表示要实行立宪。

三、西方人的进退两难

朝廷表示实行西方的政治制度,辜鸿铭对此严厉反对。作为张之洞的幕僚,他并没有直接介入朝廷高层之中,说的话可能也没有多大力量,但就算是这样,他也要把自己的观点表达出来,反正他就是反对西方。自咸丰同治时期以来,许许多多的大臣都主张向西方学习,辜鸿铭对此一律表示反对。曾国藩兴起洋务运动,张之洞倡导新政改良,无不被辜鸿铭抨击得一无是处。

辜鸿铭曾说过一段妙语来总结曾国藩的洋务运动和张

之洞的倡导新政。他说道，中国如同一个百病丛生的躯体，到底要如何治疗，众说纷纭。这时候来了个姓曾的时髦郎中，开了一个名为"洋务清火汤"的药方，嘱咐病人服下。一开始服下还没有什么明显的反应，但是到了甲午年间，病人的病征忽然改变，顿时加重，躺倒在地上抽搐起来了，情形急迫，眼看就有病危离世的危险。

这时候，又来了一个姓张的郎中，南皮人，给病人诊断之后，给了一个药方，名为"新政补元汤"。这新政补元汤药性很烈，张郎中害怕病人吃了以后，情况反而不好，因此略略改了几味药，换作"宪政和平调胃汤"，希望能使病人起死回生，结果病人吃下去，不仅没有任何转机，病情反而日趋严重了。

辜鸿铭的这段话，意在讽刺曾国藩和张之洞等人学习西方给中国带来的损害。在辜鸿铭看来，把西方的制度和学术搬到中国，对中国完全没有好处。那时候，严复把《天演论》翻译到中国来，鼓吹弱肉强食的理念，林纾则翻译了著名小说《茶花女》，渲染恋爱自由，辜鸿铭一见就恨之入骨，他认为天下之所以不能够太平，正是因为霸权和毫无节制的自由所引起的。

有一回在宴会上，辜鸿铭还大声嚷嚷，如果他手操生杀大权，必定先要把两个人杀掉。别人问他，要杀哪两个？辜鸿铭直言说，杀严复和林纾。当时严复和林纾也在宴会上，只是辜鸿铭不认识他们而已。严复涵养很好，见辜鸿铭叫着要杀他，就假装没听见。林纾则问他道，不知道这两个人哪里得罪他了，要把他们杀之而后快？林纾还让他考虑到大家都是福建同乡，手下留情。

在当时，严复和林纾对辜鸿铭的指责，都很不屑，但是没过几年，他们的思想理念都不约而同地发生了转变，开始和辜鸿铭站在同一战线上，从推崇西方文明，转而热衷中国的传统文化。包括康有为和梁启超等极力鼓吹向西方学习的维新派，最终也转向了传统文化，为中国文明大唱赞歌，认为西方的文化和制度确实存在着缺漏，中国文化也有很多可取的地方。

从这些人的转变中我们可以看出，事情不是偶然的。西方文化确实有值得我们学习的地方，但是中国文化本身也有很多可取的东西。因为社会动荡，不敌西方，就盲目地学习西方的制度和文化，并不一定能够给社会带来益处。特别是在第一次世界大战后，大家更是意识到了西方文化的不足，开始赞同辜鸿铭的看法，开始在古老的中国文明中寻找解决社会问题的方法。

辜鸿铭在西方生活了十几年，又得到了卡莱尔的真传，对西方文化非常熟悉，也更容易看出西方文化中存在的问题和弊病。第一次世界大战之后，一直趾高气扬自信满满的西方人，也开始怀疑起了自己的文明，意识到西方文化中也存在着不少问题。中国历来提倡学习西方，现在这看法开始改变了，大家知道了西方文明的不足，梁启超甚至认为，中国有资格给西方上一课。

这正是辜鸿铭一直以来的看法，之前当大家奋力向西方靠拢，辜鸿铭就喋喋不休地向大家指出西方文明的弊病。所谓文明，无非是对自然的征服，在这件事上，西方人做得非常成功，可以说，获得了前所未有的成功。但仅仅征服自然还是不够的，因为有比自然更可怕的东西，那就是人心，是人的欲望和恐惧。征服了人心，文明才能长久，而对此西方人是失败的。

当时的西方，完全是靠着物质力量约束大家。西方的人生观倡导进取、鼓励竞争。之前还有宗教约束，能够把大家控制在对上帝的敬畏之下，但是现在很多人已经不再相信宗教了。当道德约束由此失去，人们就不得不靠武力来约束大家，因此，西方开始有了庞大的军队和警官。这不仅造成了浪费，同时还一步一步地将国家拖进军国主义，最终造成了世界的混乱和战争。

西方在那时已经到了进退维谷的地步，宗教无法回到大家的生活之中，人们不得不用武力来维持社会的秩序，保障文明继续延续。但是，如果继续奉行军国主义，战争和破坏同样会摧垮他们的文明。西方人陷入了两难的境地，似乎已经到了无计可施的地步。第一次世界大战，正是西方文明之中积聚问题的爆发，这也证明了辜鸿铭长久以来对西方的批评是有道理的。

事情到了这个地步,已经相当严重了,但并不是不可以挽救,只要西方愿意放下姿态,向中国学习,那么情况就会得到改善。现在,西方人为了利益正在毁灭中国,毁灭中国人,毁灭中国的文化。辜鸿铭表达了自己的忧虑,如果真的有一天,西方人把中国人变成和他们一样的人,一个需要用牧师或军人使其保持秩序的人,那么对世界而言,将产生负面影响,造成灾难性的后果。

辜鸿铭历来反对西方文化,出发点正在于此。从社会整体出发来考虑,我们应该如何治理社会?向西方人一样倡导自由竞争,还是像中国人一样,用道德和荣誉感来约束大家?辜鸿铭认为,无疑答案应该是后者,虽然这会削弱人类对自然的征服,但是却能够保障社会的稳定和秩序,使人类文明得以延续。辜鸿铭觉得,人类文明以这种方式发展,虽然缓慢,但是健康、合理的。

西方社会一直在思考这样一个问题,如何维持文明的秩序?最初,他们试图通过牧师来实现这一点,发现支持牧师会导致大量的花费和麻烦,于是他们赶走了牧师,把警察召来了,想要用物质力量来维持秩序,结果却导致了更多的花费和更大的麻烦,随之而来的军国主义,更是把世界都卷入了战争中。显然,牧师和警察都无法解决西方社会遇到的问题,要解决这个问题,唯有依靠道德力量。

所谓道德的力量,即爱和正义的法则。辜鸿铭引用爱默生的话说道:"我能够轻而易举地预见到对步枪的崇拜是如此野蛮,必然破产——尽管伟人们也崇拜步枪。而且正如相信上帝的存在一样,我们确信,武力会招致另一种武力,只有爱和正义的法则才能实现彻底的革命。"辜鸿铭进一步说,西方人如果要扑灭军国主义的大火,办法也只有爱默生所说的这个,即爱和正义的法则。

在这件事上,中国无疑是西方最好的榜样。中国在两千多年的历史中,尽管也有战争,但是从来没有出现军国主义。在那么庞大的地域上,管理那么多的民众,依旧能够实现稳定,这一点正是值得西方好好学习的。辜鸿铭道出了其中的关键所在,中国之所以能够做到这一点,正是因为中国人有良民信仰,他不需要通过物质力量来约束自己,相信爱和正义,相信必须要承担的道德责任。

　　或许人们会问，要如何使人们认同正义和公平比物质力量更有效呢？辜鸿铭给出的答案是，因为我们相信这一点,我们相信仁慈是一种力量。在中国,每个孩子都会被灌输这样的思想:人性是善良的。而西方人则与之相反,认为人性是罪恶的。正是这一错误的观念,致使西方人不得不用武力来约束大众,用宗教和法律,让民众恐惧,通过恐惧的力量,迫使民众维持秩序,延续文明。

　　西方人自己也觉察到了，他们的做法存在着很大的不足,不管是牧师还是警察,都不能带来一个好的结果。当他们用牧师维持秩序,他们渴望警察的到来,结果警察真的到来了,他们又发现情况恶化了。他们想要把牧师给找回来,也办不到了。现在,他们陷入了彷徨和不知所措中。但辜鸿铭认为,这是没有关系的,问题还能解决,而答案就在中国文明中。

　　基于这一理念,辜鸿铭说,如果西方想要招一些人去维持文明的延续,那么就把中国人招过去吧。中国人的良民信仰能够给西方人很多启发，能够让西方人懂得爱和正义的法则。辜鸿铭解释说，所谓爱，就是爱自己的父母；所谓正义，就是真诚、守信和忠诚，具体表现为，妇女对丈夫的忠诚，男子对君王的忠诚。良民信仰最重要的地方正是忠诚，即精神和肉体上绝对地服从和牺牲。

20世纪初的西方，社会的确出现了很大的问题，让人对西方文明产生了忧虑，但是转过头来看中国文明，也并不完全像辜鸿铭说得那么好。事实上，中国的问题很可能更大，绝对地服从和牺牲，虽然能够维持秩序，但造成的迫害，比西方有过之而无不及，我们是无法承担如此巨大的成本的。要让人类真正获得幸福，我们应该寻找的，不是旧有的文明，恰恰是崭新的文明。

四、荣誉和正义的法则

辜鸿铭有一篇著名的论文，名为《中国人的精神》，着重探讨了中国人的性格特征，追溯了中国文明能够维持秩序的原因所在。这一切应该归功于孔子,孔子塑造了中国人的精神,使中国人在行事时,除了欲望和利益动机外,往往还会受一种更高尚、更高贵的动机的驱使,这种动机就是责任,而责任的基础是荣誉,辜鸿铭认为《春秋》一书的关键所在,就是荣誉和责任的重大体现。

两千五百多年前的中国,和当前的西方一样,人们的头脑和心灵无法很好地调和到一起。那时的西方,科技、智力非常发达,但是人心却特别空虚,这就如同两千多年前的中国一样。那时的中国,面对这种社会现状,人们在痛苦和绝望中纷纷思考着文明的问题,思考着社会的前景。一部分人试图推翻所有的文明,跑到深山老林里面,道家的老子和庄子,就觉得应该这么做。

按照道家的看法,人们应该抛弃所有的文明,因为这种文明在根本上是错误的,为此他们建议大家抛弃一切,过隐士的生活,享受一种纯粹心灵上的愉悦。但是,孔子却不这样做,他建议大家保留文明,因为他觉得在现有的文明上,我们同样可以过一种真正的生活、一种精神的生活。孔子毕生都在尝试着建立这种崭新的文明，调和物质与精神的矛盾，并最终成功地重塑了文明。

辜鸿铭把孔子比喻成一个建筑师，当时的社会如同一幢着了火的房子。作为建筑师的孔子，看到大火燃烧着的房屋，他也无法扑灭，但是他用另外一个办法挽救了房屋，那就是把房屋的图纸和设计保存了下来，以便日后重建文明。这图纸就是如同西方《圣经》一样的五本经书，中国人称之为"五经"，不过，孔子并非原模原样地保存图纸，他还给文明的设计做了一个新的集成和解释。

孔子给社会文明找到了一个坚实的基础，这个基础就是荣誉感，让人们自发地把遵守准则当作一种荣誉，而这一点对保持秩序和稳定来说是至关重要的。就像是古话说的那样："盗亦有道。"从中可以看出，就算是盗贼，也有这样的荣誉感，也把遵守准则当作一种义务。再如赌徒，如果没有这种荣誉感的约束，在赌输的情况下仍愿意遵守规则，那么，赌博根本就无法进展下去。

举出这些例子，辜鸿铭觉得已经可以证明了，荣誉感是维系文明的关键。人类如果没有荣誉感,凭借武力约束,只能达到暂时的和平。辜鸿铭告诫说,武力是无法真正使社会长久团结的,就算警察可以约束大众,那么,又用什么来约束警察呢?警察如果不把高尚当作责任;那么整个警察系统也会滋生腐败。这时候,如果不是荣誉感,那么就只能用恶毒的欺骗来使警察履行责任了。

西方社会就在使用这种欺骗,事实上,它已经影响了整个世界,所有的律师、政客、地方官、总统等等,都在用欺骗的手段让警察履行自己的责任。他们告诉警察,为了社会和国家的利益,应该履行责任,应该牺牲。之所以辜鸿铭把这称之为欺骗,是因为这种责任,对警察来说,意味着不至于饿死的工资,而对律师和政客等人来说,却意味着每年高额的收入和千万人的供养。

律师和政客等人,是不相信荣誉感的,但是他们却用荣誉感来约束警察,这就是欺骗,这种欺骗导致了贫富不均,导致了社会上种种不公正的现象,最终使社会混乱,整个世界都为之动荡,战争、激进、反抗、苦难,都由此而来。这正是人民没有荣誉感、政客没有道德约束所造成的结果，这也就是为什么辜鸿铭赞同孔子学说的原因了，因为这确实能够给社会带来广泛的益处。

在中国，人们信仰孔子的学说，就如同西方人信仰宗教一样，儒家学说在中国的地位，就如同基督教在西方的地位。对于任何一个国家，宗教对大众来说都是不可或缺的，因为人心是那么的脆弱，面对未知的自然和宇宙，充满了恐惧，我们迫切地需要减轻这种恐惧和不安全感。艺术家和科学家可以通过精神方面的追求满足这一点，大众却做不到，大众只有通过宗教才能获得慰藉。

宗教给了众生一个庇护，使他们得到安全感，在中国，人们的宗教意识历来都不浓，尽管中国也有道教和佛教，但人们对待这些宗教，审美意义往往大于救赎的意义。佛教传入中国后，也和在印度有所不同，从对人生的否定到对人生的肯定，从出世思想到对生活的赏心悦目等等。这种改变正可以看出中国人宗教意识的淡薄，因为在中国，已经有了宗教的替代品。

辜鸿铭认为，儒家在中国代替了宗教的存在，因为，儒家学说也满足了人们内心的追求和渴望，使人的内心获得安稳和富足。和西方宗教不同的是，儒家学说之中并没有超自然的东西，除此之外，还有一个最大的不同，别的宗教要把信众塑造成一个圣徒，儒家学说却只把人塑造成一个好公民。儒家学说是更具社会性的，它只要人成为一个合格的公民，孝顺并且安分守己。

　　如之前陈述的那样，人需要物质和心灵共同得到满足。两千多年前，为了解决这个问题，甚至有人想要抛弃所有的物质文明，以满足人内心的渴望，因为在这些人看来，人的内心无疑比外在的物质更为重要。但是，孔子调和了物质和人们内心的渴望，他的学说满足了社会稳定的同时，给了人心灵上的追求。

　　中国人向来是重视精神的，因此有人会说，中国文明是精神的，而西方文明是物质的。这样的划分虽然有失公允，并且毒害很大，但确实指出了中西文明的不同之处：在某些方面，中国文明的确更注重精神。辜鸿铭说，一个真正的中国人，几乎完全过着一种精神生活，因此对外界有所忽略，这就是中国人对外在的环境、物质上的不便和举止文雅的缺失表现出漠不关心的原因了。

由于中国人完全过着一种精神生活，一种情感或者人性友爱的生活，中国人的性格是非常温顺和善良的。辜鸿铭把中国人比喻成被驯化了的动物，这一点也是世人有目共睹的。辜鸿铭认为，这是中国人的优点。在战乱时代，弱肉强食的世界里面，这种性格对利益的争夺是不利的，但在和平时代，温顺和善良，的确是人类值得追求和坚守的品质。

辜鸿铭认为，中国文明是一种精神文明，而西方文明是一种物质文明，最后甚至认为西方文明是一种比物质文明更差劲的机械文明。其实西方文明包含着许许多多的方面，像康德等人，对道德的提倡并不比辜鸿铭少，包括辜鸿铭非常敬重的老师卡莱尔，也热衷道德提倡，不过当时社会的主流，确实非常拜金，大家都在肆意争夺利益。这种争夺最终导致了第一次世界大战的爆发。通常我们认为，第一次世界大战是因为各国的统治者为了争夺利益而引起的，引起的原因十分复杂，但最主要的还是经济原因。列强在世界各地争夺霸权和殖民地，出现了两大军事集团。到20世纪初，德国、奥匈帝国、意大利三个国家的结盟正式形成，英国、法国、俄国很快也结盟到了一起。德国和英国之间的争夺最为激烈，最后爆发战争。这场大战很快蔓延到了整个世界，足足有三十多个国家参加了战争。

研究者通常认为，战争的罪魁祸首是各国的统治者，他们为了利益而引发了战争，但是辜鸿铭持不同的看法。他认为这场战争的出现，其根本原因在体制上。英国的立宪政治使民权高涨，统治者的权力转移到了民众手中，被利益集团所利用。商人们为了攫取利益，鼓动战争，一方面又用爱国主义迷惑民众。德国痛恨英国的这种"群氓崇拜"，转而热衷于武力，最后发展成了军国主义。

德国和英国的纷争最后导致第一次世界大战的爆发，辜鸿铭分析的时候，虽然批评了德国的军国主义，但他认为，这全是被英国给逼出来的。英国的商人和资本家，只知道金钱，全然不顾世界的安危，而这时候君主的权力已经被架空，没有了约束的能力，最终只能放任群氓任行。德国的军国主义当然要为这场战争负责，但是究其原因，辜鸿铭觉得，责任还是应该在英国那一边。

辜鸿铭的分析和一般的研究结论不同，但其根本是一致的，那就是第一次世界大战的原因在于利益争夺。这种争夺正是西方文明的特征，而这次大战，则很好地证明了西方文明存在的弊病。辜鸿铭觉得，要治好西方的痼疾，必须要依靠中国文明才行，因为中国文明教导大家，凡事应该以仁义为出发点，而不是以利益为出发点，中国文明这种理念，正好可以医治西方的弊病。

中国文明和西方文明的不同之处，正在于其出发点，一个考虑仁义，一个考虑利益，这其实正是当初孟子所讲的义利之辨。西方人的国家观念是，国家是为了保障人民的利益才组织起来的机构。辜鸿铭批判说，这在根本上是错误的，建立国家并不是出于利益，而是出于一种道德情感。我们忠于君王，也不是因为利益，而是因为对君王最真诚的感情，就好像我们对待朋友，视朋友之间的关系为友谊，它不是出于利益考量,而是发自内心的真情。

　　辜鸿铭在倡导中国文化方面是不遗余力的,为此他花费了大量时间和精力把儒家经典翻译成了英文。谈到翻译的目的时,辜鸿铭讲了,他正是为了通过自己的译著,让西方人了解中国人,消除西方人对中国人的误解,从而改变与中国人相处的态度,不管是私人交往还是国际交往。同时辜鸿铭还希望西方人能理解中国哲学中的"道",从而拥有责任感,抛弃武力文明的精神和态度。

　　儒家的"四书",辜鸿铭翻译了三本,《论语》《中庸》和《大学》,但是真正出版的只有前两部,《大学》他翻译了,不过没有出版,可能是因为他觉得对内容的翻译还不够完美,因此这本书他一直放着。有人说辜鸿铭还翻译了《易经》《孝经》《孟子》《诗经》等书,这其实是不准确的。

　　在学术上,辜鸿铭的态度非常严谨。《论语》中,孔夫子说自己"四十而不惑",到了四十岁,一个人的思想才能够成熟。辜鸿铭非常赞同这个观点,因此四十岁以前,他都没有出过书。到了四十岁以后,他才将自己的书付梓,比起现在有的人十四岁就出书,辜鸿铭实在是太严谨了。

辜鸿铭如此认真地对待自己的学术事业,翻译出来的作品质量非常好。之前西方翻译儒家作品比较有名的是一个名叫理雅各的西方人,他曾把中国"十三经"中的十部经典翻译成英文,在西方影响很大,许多人都把他的译著当成标准译本,但其实他的翻译还存在着很多的不足,甚至有很多曲解,乃至出现断章取义的现象,对此辜鸿铭不大满意,因此决定自己动手翻译。

对于中西文化辜鸿铭都非常熟悉,加之他拥有高超的英语水平,翻译出来的作品,质量有了一个明显的飞跃和提高。同时辜鸿铭兼顾了西方人的习惯和思维态度,用适合他们的语调来翻译中国的经典。注释中,辜鸿铭用了大量横向对比,诸如把颜回比作圣·约翰、把子路比作圣·彼得、把尧比作亚伯拉罕等等,这种方式无疑能使西方人更容易了解儒家经典所表达的思想。

辜鸿铭的译著在中国国内产生的影响很小,但国人对他译著的评价向来是很高的,同样致力于向西方传播中国文化的林语堂赞扬他说："他了不起的功绩是翻译了儒家四书中的三部，不只是忠实的翻译，而且是一种创造性的翻译,古代经典的光透过一种深的了然的哲学的注入。他事实上扮演了东方观念与西方观念的电镀匠。他的《孔子的言论》,饰以歌德、席勒、罗斯金及朱贝尔的有启发性的妙语。有关儒家书籍的翻译,得力于他对原作的深切了解。"

第六章　理想主义与清高气节

一、跟外国人干到底

1905年，张之洞保举辜鸿铭任黄浦江浚治局的督办。从1876年开始，在上海的外国领事就不断地向中国政府提出黄浦江浚治计划，以便于外国船只的航行，但中国对此却总是磨磨蹭蹭，不愿意动手。中国人向来守旧，不到万不得已，是从来不想改变的。晚清兴办洋务、改良维新，动静很大，都是被外国人给打出来的。1876年以来，外国没怎么打中国，中国就不想按他们的意思办事，直到八国联军入侵北京，这件事终于是不得不办了。

1905年9月，黄浦江浚治局筹办了起来。张之洞把辜鸿铭派去做督办，这个职位薪俸很优厚，算是个好差事。张之洞把辜鸿铭派去，可能也是出于对辜鸿铭服务二十多年来的感谢，更重要的是，黄浦江浚治局是在外国人的强迫下才办起来的，实在有点儿抬不起头，张之洞当然希望有一个铁腕前去，不至于在外国人面前失了尊严，而辜鸿铭无疑是最佳人选。要说不卑不亢地对待外国人，辜鸿铭显然是佼佼者，事实上他不仅仅是不卑不亢，简直是凶恶。

在任期间，辜鸿铭兢兢业业，不再像以前做师爷那么自由散漫了，对于局里面的事情，也认真处理。这让人刮目相看，他来之前大家都以为他是一个只会夸夸其谈的书生，原来做起事情来还真像那么回事。对于局里的洋职员，辜鸿铭管理得更是严格，把他们收拾得服服帖帖，不过在当时的风气下，腐败还是到处滋生，结果有一回被辜鸿铭发现了，有两个洋职员居然贪腐！

辜鸿铭立即把那两人叫过去，控告他们贪污。辜鸿铭出示了证据，那两个洋人无可抵赖。外国领事知道这件事后，也过去向辜鸿铭表示歉意，左一个道歉，右一个道歉，希望获得他的宽宥，从轻发落，但是辜鸿铭根本不吃这一套，誓要从重处罚那两个洋职员。领事见此想要通过贿赂的手段平息事态，一天晚上，派人足足拿去了15万两的银票，结果被辜鸿铭当场拒绝了。

辜鸿铭软的不吃，就只能给他吃点儿硬的。外国领事们请他过去开会，讨论这件事，并且指出，辜鸿铭并非工程专家，他的审计不能让人信服。不料辜鸿铭随即就甩出了一张德国莱比锡大学土木工程系的博士学位，惊得那些领事们连话都说不出了。可惜的是，慑于事件背后有外国强权势力的干预，这件事最终还是不了了之。辜鸿铭气不过，立即写了一篇文章，在报上揭露了此事，虽然衙门仍没有追究，但辜鸿铭公布了事情的真相，总算出了一口气。

辜鸿铭在学术上的思想是否正确，还是真像别人批评的那样守旧，这些且不去管，至少辜鸿铭的品行非常高洁，他是一个有气节的知识分子，为人正直，铁骨铮铮。在黄浦江浚治局时，他办事从来不收受贿赂。之前中日甲午战争爆发的时候，张之洞派辜鸿铭去上海借债，辜鸿铭到银行，头一件事也是声明绝不收贿赂，他还留下字条为证。在当时的清政府中，像他这样清廉的官员，绝对是不多见的。

1908年，辜鸿铭调任外务部员外郎，携家眷从上海到北京。他涉足官场已有二十多年了，但直到这时，他才算真正成了一个朝廷命官。到任之后没多久，辜鸿铭就立即上书一封，表达自己的政治理念。辜鸿铭很看重这份奏折，后来编选自己的文集，他把这份奏折命名为《上德宗景皇帝条陈时事书》，并将之置于文集的首篇。

在奏折中，辜鸿铭谈了些自己一直以来所持的看法，那就是西方的东西不足以学，还是中国老祖宗的文化比较好。鉴于此，辜鸿铭提出了一系列建议，要朝廷把重心从"讲武备"转移到"修邦交"。在当时的政治背景下，这种理念当然不是主流的声音，甚至连非主流的声音都算不上，完全是逆流而上。不言而喻，辜鸿铭持这种看法，不会引起任何人关注。

辜鸿铭觉得非常失望，痛定思痛，他也努力去找了造成这件事的原因。思前想后他觉得,这还是在于读书人无法坚守自己的理想和清高的气节。读书人穷,因为穷,就不得不追求利益,从而抛下正义与道德。不过,辜鸿铭只指出了读书人败坏的原因,没有进一步揭示造成这种原因的社会现状。

在当时,中国四面楚歌,必须要实现富强,因此不得不把利益放在首位。当追名逐利成为社会潮流,人们就会把名利作为判定一个人地位的标准,大家要得到地位和权力,就不得不追求名利,这也就是为什么读书人都无法坚守清高的原因了。面对这样的情况,政策是无法逆社会潮流而行的,所以不可避免,传统的中国文化中,重视道德的部分会被西方弱肉强食的观念所代替。

孟子说:"人之异于禽兽者,几希。"人和禽兽不同的地方,也就那么一点点。这一点点,在辜鸿铭眼里,就是读书人应该逆流而上的节操。禽兽只会趋利避害,但是人比禽兽更高贵,这高贵的地方,就是人会为了别人而牺牲自己的利益。在社会大浪潮下,所有人都在追求名利,但读书人不能这么做,他应该有自己的坚持,哪怕会因此而穷困潦倒。辜鸿铭自己就是这样,因此在很长的时间内,他的生活都糟不可言,但他却从来不会因此而做出任何不道德的事。

辜鸿铭对中国文明的坚守,对传统政教的支持,也得到了朝廷的回应。1910年,朝廷赐予他一项荣誉,赏给文科进士,与他同榜的还有严复以及严复的学生伍光建。严复位列第一,辜鸿铭第二,伍光建第三。被赐予文科进士,对辜鸿铭来说当然是一件高兴的事,不过屈居严复之后让他很不满意。辜鸿铭对严复一直很看不上,而严复翻译的《天演论》更是让他痛斥不已,因此见严复排在他之前,他大发牢骚道:"严复是什么东西?胆敢位列我之前?真是岂有此理!"

二、不要绝望,不要失望

自1905年任黄浦江浚治局督办,辜鸿铭就离开了张之洞,不过他仍然把张之洞当作自己的领袖,唯他马首是瞻。张之洞于1909年逝世,在逝世的前两年,他的情绪一直不太好。他一生为国做了那么多事，试图使国家兴盛起来，解决存在的弊病，但没有一件成功。到了晚年，他感到非常失望，甚至有些绝望了，尽管官越当越大，但是奋斗的热情却渐渐消退。

辜鸿铭最后一次见张之洞，张之洞告诉他说，自己已经心灰意冷了。辜鸿铭说了很多话劝慰他，让他重拾信心，告诉他说，就算遭遇到很多的挫折，也还是要相信，最后的胜利仍然是他们的。和张之洞一样，辜鸿铭的主张很少实现过，他也遭遇了很多挫折，他的一腔热血被人当成了驴肝肺，但他仍然不放弃，他希望张之洞也不要放弃。继续带着他、指挥他战斗。

辜鸿铭抱着这样的希望，张之洞却撒手人寰了。辜鸿铭追随张之洞足足有二十多年，期间他们也有矛盾，也有纷争，辜鸿铭还常常反驳张之洞，甚至会骂他几句。有一回张之洞弄了一个意见箱，想学西方人，要听听群众的意见，结果辜鸿铭立马写了一封匿名信过去，把张之洞痛骂一番。张之洞的涵养功夫算是到家了，但还是受不了这种骂，只好悄悄撤下了意见箱。

1902年，慈禧太后过万寿节，全国上下载歌载舞，为她庆贺，排场很大，一向清廉的张之洞也不能免俗。庆贺之时还编有爱国歌，满大街都在传唱。辜鸿铭看不过这样的铺张浪费，在宴席上就编了一首爱民歌，对这样的现状表示尖锐的讽刺。只听辜鸿铭唱道："天子万年，百姓花钱；万寿无疆，百姓遭殃。"赤裸裸地讥讽慈禧太后，满座哗然，弄得张之洞都下不了台。

还有一次，在一个新式学堂的开学典礼上，宾客云集，有位留学生当众念了一篇文章，歌颂张之洞，里面全是阿谀奉承之词，听得辜鸿铭厌恶不已。那留学生念完之后，辜鸿铭立即接口道："呜呼哀哉，尚飨！"把那留学生的文章当作一篇祭文，好像张之洞已经进了坟墓一样。大家一听这话，忍不住哄堂大笑，辜鸿铭则照样泰然自若地坐在一旁，张之洞见此，脸上实在有点儿挂不住。

张之洞有很多看法，辜鸿铭不同意，不同意他就马上提出来，根本不会顾忌什么，但对于张之洞，辜鸿铭其实还是非常感激的。辜鸿铭曾在一次演讲中道："由于我青年时代基本在欧洲度过，所以刚回国时我对中国的了解反不如对欧洲的了解多，但非常幸运的是，我回国后不久，就进入了当时中国的伟人、湖广总督张之洞的幕府。我在那儿待了多年。张之洞是一个很有名气的学者，同时也是一个目光远大的政治家。由于这种契机，使得我能够同中国最具修养的人一起朝夕相处，从他们那儿，我才对中国文明以及东方文明的本质稍有悟解。"

辜鸿铭还写了两本书纪念张之洞，在书里面，辜鸿铭说道："我愿意公开在此，写下我对已故帝国总督张之洞的感激，感激他二十多年所给予的庇护，从而使得我不至于在冷酷和自私的中国上流社会，降低自我去维持一种不稳定的生活。另外，尽管我时常任性，他却始终以宽宥、优礼和善意待我，而且我还荣幸地学会了作为一个新兵在他的领导下为中国文明的事业而战。他是中国牛津运动中最好和最有代表性的人物，也是最后一位伟大的文人学士。"

张之洞是在1909年逝世的，1910年，辜鸿铭就出版了两本书，一本是《张文襄幕府纪闻》，一本是《中国人的牛津运动》，以此纪念张之洞。《张文襄幕府纪闻》以笔记的形式叙述了辜鸿铭在张之洞幕府二十多年来的所见所闻和自身经历，主旨还是在于批评西方文明、坚守中国文明。辜鸿铭以此为准绳，对朝中的大臣逐一批评，就连张之洞，也没逃过被辜鸿铭批评的命运。

《中国人的牛津运动》讲述的则是张之洞等清流人物坚守中国文明，在西方文明的入侵下，进行的一场保卫运动。在牛津大学，纽曼发起了一场攻击自由主义的运动。当时，自由主义意味着"进步"和"新学"，但同时也是对传统文明和社会公正的一次破坏，于是激起了部分人激烈的反对，可最终牛津运动还是以失败告终。

那时辜鸿铭看到一份要为中国建立一所大学的规划报告，而这份规划正出自牛津。此时的牛津，意在给中国输入西方文明。西方文明对中国来说，意味着"进步"和"新学"，就像自由主义对牛津意味着"进步"和"新学"一样，但是，当初反对自由主义、反对"进步"和"新学"的牛津大学，如今却想要把这些东西灌输给中国，辜鸿铭不禁感慨牛津大学历经的变化。

当西方文明侵入中国，中国为了保留传统文明不被摧毁，也展开了一场牛津运动，而在这场运动中领导大家参加战斗的，就是张之洞。他以坚韧不拔的精神和堂吉诃德式的勇敢面对整个社会浪潮，带领大家苦苦奋斗了近三十年。和牛津运动一样，这场运动目的也在于反对自由主义，反对所谓的"进步"和"新学"，还和牛津运动一样的是，这场运动最后也以失败告终。

时间过去了一百多年，我们再来看辜鸿铭的看法，会发现，他的观点的确值得大家参考。他反对西方化，因为他看出了西方文明存在的弊病，事实上不仅是他反对西方文明，就算是西方人，也在反对西方文明，反对自由主义带来的恶性竞争和大量的不公正。辜鸿铭的看法对西方文明来说是有益的，就算是对中国那时的社会现状来说，他的看法也值得人们去关注，乃至于吸收。

清末民初的中国是一个动荡不已的社会，在这种环境下,人们不免趋于偏激,试图立即把问题解决,因此做出了很多过激的事情,对于辜鸿铭等人倡导的坚守传统文明,谁也没工夫静下来去听。轰轰烈烈的坚守中国文明的运动,最后当然遭到了惨败,张之洞晚年只想着获得更宽容的投降条件,同样在张之洞领导下一起斗争的梁敦彦,甚至向辜鸿铭下达命令,要大家"各自逃命"。

他们这群人算是败得彻彻底底,但辜鸿铭却还是没放弃,他依旧在努力战斗着,哪怕只剩下他一个人孤军奋战,他也不放弃。当初所有和他并肩战斗的队友们已经四散而逃了,有的人投降了,有的人分散了,但他仍然相信,他们这些人的事业,他们反对"进步"和"新学"的现代欧洲观念,坚守中国文明的事业,最终必将获得胜利,因为在他眼里,这是充满高贵和正义的事业。

三、如何应对欧洲的工业文明

在《中国人的牛津运动》一书中,辜鸿铭重塑了晚清历史。马修·阿诺德曾把英国人分成三类："野蛮人、中产阶级和民众。"辜鸿铭仿照此种分类方法，同样把中国人分成了三类："满洲贵族、儒生阶层、中下层市民和劳工。"满洲贵族的特长在于他们的英雄气概和高贵的品格，儒生阶层的特长则是他们的知识，而民众阶层的特长，则在于他们的勤劳，或者说是辛勤工作的能力。

中国社会如果要正常运行，这三个阶层都必须发挥作用。民众制造食物和生活的必需品，保障社会的物质充裕。儒生用自己的力量去教化和管理他们，并提供知识成果。最重要的是满洲贵族，他们应该用自己高尚的品格把民众的力量引导到一个高尚的目的上。辜鸿铭认为，满人比汉人有气节，他们的祖先是英勇无畏的战士，这种尚武精神最能够培养气节与个人品德。

在健康的中国社会中，这三股力量的相互合作，能够产生出许多有益而美好的东西。辜鸿铭提醒说，只要一个外国人，去看一看中国开凿的运河与建造的桥梁，就会赞同这一点。精神方面，"像编纂《康熙字典》那样宏伟的著作，就充分地证明了，清朝早期的皇帝所具备的高尚品格以及他们如何指导精神生产也趋向同一个高尚目的"。然而，中国社会承平日久，渐渐产生了问题。

社会安定的时候，大家沉浸于纸醉金迷，由于缺乏军事活动的刺激，满洲贵族的高尚品格开始渐渐退化了。儒生阶级尽管在考试中得到了磨炼，毕竟是有限的。儒生的知识力量在衰退，读书人的精神也变得萎靡不振。民众阶层的劳动力量没有衰落，他们依旧是勤奋的，但是他们在失去了儒生阶级的教化管理和满洲贵族的品格引导后，就变得粗俗，并趋向于浪费性消费。

西方列强打进中国之前，中国社会已经产生了癌变。民众创造财富，贵族使用财富，都变得只是为了满足感官愉悦和虚荣心，失去了高尚的目的。这极大地浪费了国家和民众的力量，然后我们就看到了那种巨大而无用的建筑，看到了奢靡豪华的享受，表面上金玉其外，实际上败絮其中。同时，在这种情况下，劳动成果也得不到公正的分配，贫富差距拉大，社会矛盾也因此激化。

当民众辛勤劳动却发现无力养活自己，就不得不投入到叛乱之中，这便是著名的太平天国运动。辜鸿铭认为，太平天国运动，是民众为了彻底根除"国家的癌变"即失去高尚目的和儒生教化之后铺张浪费、社会不公的表现。在当时，苏州和杭州这样的城市是最繁华奢靡的，太平天国运动在这样的城市也爆发得最为明显，辜鸿铭指出，这正可以支持他所说的观点。

太平天国运动爆发，朝廷对此无能为力。清朝贵族尽管有尚武精神，但面对他们的是一群陷入疯狂的民众。在疯狂面前，清朝贵族的武勇精神也全然没有用处，只有知识才能扑灭这场狂热的怒火。慈禧太后不得不借助汉族儒生的力量，她指示他们回乡办团练，依靠他们去镇压太平天国的起义。

清政府的权力，在这时从满洲贵族手中转移到了汉族儒生手里，从北京转移到了地方各省，中国的权力开始呈现分散状态。但就在中国处于分裂边缘的时候，有一个伟大的汉族儒生消弭了这场灾难，他就是曾国藩。曾国藩在平乱期间，手握大权，他却没有因此专权，而是在平定太平天国起义之后维持了社会的秩序，使中国的社会重新恢复了和平与安定。

经历了这场动乱，中国社会的旧秩序出现了裂痕，专制的力量开始减弱，民众能够得以用比较自由、独立的方式来看待事物，这种方式就是"自由主义"。这种自由主义最开始的时候，还被控制在一种合理的范围之内，但是很快，这种自由主义就失控了。因为担心自由主义的失控会给国家带来灾难，一些儒生便掀起了"中国的牛津运动"，这场运动目的正在于反对自由主义。

镇压太平天国之后，中国面临着两个问题，一个是如何重建社会秩序，一个是如何应对欧洲的工业文明和功利主义。对于前者，曾国藩做得非常好，辜鸿铭对此十分赞扬。他认为，曾国藩的工作，就算不是非常完美，至少也是立竿见影的，因此，中国出现了"同治中兴"的局面；但是对于后者，曾国藩完全失败了。面对欧洲的工业文明和功利主义，曾国藩完全不知道自己该怎么办。

辜鸿铭说,在中国,确实有两个人真心想要拯救中华民族。一个是继曾国藩之后的汉族儒生领袖李鸿章,还有一个是当时的海关总税务司赫德,但是他们提出的方法,却并不尽如人意。李鸿章只想着购买和制造西式枪炮,以为只要船坚炮利,中国就能强大。赫德认为,要使中国复兴,必须得通过增税来开国家财源。李鸿章的看法错得够离谱了,而赫德的看法则比李鸿章更狭隘。

　　李鸿章笃信他的办法能够奏效,于是鼓动一些人到他的周围,实施他的计划。那些暴发户、中小商人和城市买办阶层,也就是那些在中国对外贸易中能够获益的人,慢慢都靠拢在李鸿章身边了,他们对李鸿章的看法纷纷表示赞同。这不奇怪,李鸿章的看法对他们有利而无害,他们当然要表示赞同了。

　　这种照搬西方近代发展模式的理念和做法,包含着粗鄙和丑陋。因此,身处翰林院的一些儒生们就起来严厉斥责,"中国的牛津运动"正式拉开帷幕。这场运动的目的,就是为了反对李鸿章,反对自由主义,其实内里就是反对粗鄙和丑陋，维护传统文化中的高尚情怀。而到了最后，这场运动也不免带上了强烈的排外主义，使人们对外国的事物一概持憎恨和厌恶的态度。

参加这场运动的有李鸿藻、张佩纶、张之洞、徐致祥、陈宝琛、邓承修、陈启泰等人。他们一个个高谈阔论，在这方面都是绝顶的高手。他们看着李鸿章把政局弄得一团糟，而他在边界问题上又显得那么无能。他们愤怒异常。年轻的翰林们是多么意气风发啊！面对来自他们的大量质疑，李鸿章只能被迫隐退。接着，清流人物开始执掌大权，那些翰林们被派往前线，直接负责战事。

辜鸿铭用了两个词来形容这些儒生：年轻气盛、头脑发热。这还是相当客气的评价。后来的事实也证明了，清流人物只会空谈，在处理实际事务时，明显能力不合格。他们指责李鸿章办事不力，结果等他们到达前线，把事情弄得更加糟糕了。中法战争期间，法军进攻福建，张佩纶被打得落荒而逃，最后只能躲进山里面。其他清流也没有显出什么卓越的军事才能来。

中法战争对清流派是个极大的打击，"中国的牛津运动"也在这场战役中彻底垮台了。张佩纶被流放，服刑期满后，他居然戏剧性地成了李鸿章的女婿。邓承修后来索性在中国政坛上消失了。徐致祥则被束之高阁，从此不再录用。陈宝琛也受到了免职处分。只有张之洞没有受到打击，仕途依旧一帆风顺，但是中法战争也给他带来了很大的改变，让他从清流派一变而为洋务派。

四、维新与对维新的反对

张之洞成了一个维新人士，但晚清的改革并不是由他发起的，真正的发起人是袁世凯。这场改革经历了三个比较明显的阶段：第一个阶段是振兴实业；第二个阶段开始于甲午战争之后，是振兴军事；第三个阶段开始于义和团爆发之后，是改革教育。这三个阶段张之洞都有参与：他在武昌兴办实业，在上海打造新式军队，还主导了科举制度的改革，极力要求朝廷废除科举。

在辜鸿铭眼里,张之洞的这种改变让他很不满意,辜鸿铭还由此认为张之洞并不是一个卓越的人物,他也有自己肤浅的一面。但同时辜鸿铭指出,张之洞尽管转向了洋务派,可他这么做完全是出自高尚的目的。中法战争让他意识到,仅仅依靠儒家的准则,难以对抗西方列强的入侵,鉴于此,他不得不走折中的道路,一方面引进西方先进技术,一方面提倡儒家传统文明。

张之洞推行的新政,在清末成了主流,化解了李鸿章的寡头政治集团及其推行的"粗鄙的自由主义"所带来的政治影响。甲午战争之后,中国在与日本的交战中惨败,李鸿章带回了《马关条约》,这极大地刺激了中国民众,使大家对李鸿章的不满进一步发酵,终于使一些原本保守的人物也靠拢到了激进的维新派那一边。康有为走上前台,大刀阔斧地开始进行改革。

康有为等人激进的做派引发了慈禧太后的不满,他对满洲贵族集团利益的撼动也遭到了很多人抵抗。慈禧太后担心康有为等人的新政继续推行下去,将动摇清朝统治的根基。而外国人对康有为等人的新政却持赞赏态度,不仅对他们表示支持,见到慈禧太后有意阻挠,还出手干预,"甚至起了限制她老人家行动自由的罪恶念头",这又激起了民众,特别是华北民众的不满。

局势在这时变得相当复杂了,中国的普通民众也开始反抗康有为等人的新政。辜鸿铭说,西方人总是以为中国的儒生排外,中国的老百姓不排外。这种看法其实是错误的,比起知识阶层来说,百姓无疑更为保守,更难让他们接受生活方式的遽变。他们对未知的西方文明感到害怕和惊惧,本能地站出来反抗和抵制,最后终于演变到了要将西方人消灭或赶出中国的地步。

慈禧太后想要挽救这样的局面,因为这局面已经到了万分危急的时刻,而在北京的西方外交官们,完全不体谅慈禧太后的用心,看到民众排外的情绪越来越高涨,只会带着军队进行威胁恫吓,这只能进一步使局势恶化。满洲贵族的尚武精神在慈禧太后的动员下再一次激发出来了,他们带着愤怒与西方的外交官们狭路相逢,这时,危机的爆发已不可避免,任谁也阻止不了。

事情到了这个地步,完全出乎张之洞的意料。当初康有为等人鼓吹变法维新,是受冷淡的,还被赶出了北京,正因为张之洞的影响,才使康有为有机会再次面见光绪皇帝。那时张之洞很支持变法,辜鸿铭提醒他,康有为等人靠不住,他还严厉批评了辜鸿铭,但后来张之洞后悔了,他发现情况有点儿不一样了,康有为等人的激进作风让他也感到了危险。

这时张之洞已经控制不住局势了,他不得不立即转向,从支持变法到回归辜鸿铭所谓的"牛津大营",开始与改良派划清界限,反对全盘西化,提倡中体西用,把中西文明调和起来。他试图用双重标准来融合中西文化:个人方面,张之洞认为应该遵守儒家的道德准则,但是对一个民族一个国家来说,则必须抛弃儒家原则,采用西方弱肉强食的丛林法则,避免被外族欺凌。

张之洞天真地想要用这样的理论消弭中西文明的矛盾,这种宏论尽管出于善良和高尚的目的,但辜鸿铭认为,一旦这种理论被动机险恶的小人如辜鸿铭点名骂的"像袁世凯那种卑鄙无耻之徒"所利用,那么它所产生的危害,将是更加严重的,甚至比李鸿章"那种它市侩味十足的自由主义"破坏更甚。

正如辜鸿铭预料的那样,康有为等人的改良主义没有取得任何好的效果,戊戌变法最后变成了戊戌政变,接着是大规模的排外运动,义和团由此兴盛起来。全国上下从热衷西化变成了极端保守,为了排斥西方文明的到来,中国民众疯狂地反抗西方人,那些赤手空拳的民众不顾性命冲到了列强的枪炮之下。辜鸿铭道:"中国人如痴如狂地向现代欧洲文明的枪口冲去,与他们的死对头做孤注一掷的抗争,要以这种玉石俱焚的悲壮方式去保卫、挽救中华文明。"

整个晚清历史,在辜鸿铭这里,就是一场中西文明的冲突及其民众对中西文化的选择,再细致些讲,就是对道德和利益的选择、对精神和物质的选择。辜鸿铭要极力传承中国文化,正是因为这种文化充满了精神享受,人们拥有如同天生般的道德热情,而不像当时的西方文化那样唯利是图、那样粗鄙和市侩。辜鸿铭一再宣扬中国文化，并不是保守，而是热衷于道德操守、坚守人类的精神文明。

西方列强拥有强大的军事实力，中国与之交锋一败再败。义和团之乱中，八国联军入侵北京，连慈禧太后和光绪皇帝都不得不弃城而逃。中国根本无力应对强大的西方列强。两宫回到北京后，面对这样的局势，他们只能重新回到改革之路上，承认这几年排外主义的错误，开始动员全体官民实行西化。辜鸿铭感慨地说："中国从此走上了一条西化的不归路。"

第七章　辜鸿铭终于扬名了

一、混迹于宗社党之间

辜鸿铭反对西方文化,认为盲目学习西方是错误的,他的看法也得到了历史的印证。义和团之乱后,清政府着力改革,他们改革的意愿是真诚的,又是改革教育,又是立宪,但是,改革牵扯多方面的利益,必然会存在阻力、惰性,而处于内外交困的清政府却无法面对这样的阻力和惰性。

清末那几年,臣民对立宪的呼声非常高,朝廷也摆出了立宪的姿态,定出具体的时间,派出大臣考察,实施立宪。大家看着还真以为朝廷觉悟了,但是当朝廷的改革方案出来之后,大家发现,权力的再分配并没有实现公平,反而众多的权力集中到了满洲贵族手中——朝廷借着改革立宪的名号,再一次实行夺权专制——于是大家恍然大悟,要朝廷重视民权无异于与虎谋皮。

这下民众也不要改革了,不要立宪了,纷纷跑去参加革命党。改良主义败给了革命,民众对君主立宪的诉求转变成了民主共和。1911年,辛亥革命爆发。武昌地区率先发动起义,各省纷纷响应。武昌起义是在10月份爆发的,到了11月,先后有14个省宣布独立,全国广大民众加入了革命浪潮,迅速推翻了清政府,末代皇帝溥仪无可奈何地宣布退位。

革命爆发时,辜鸿铭正在上海。他于1910年辞去外务部员外郎的职务,到上海担任南洋公学的校长。上海是一个大都市,风气开放前卫,辜鸿铭身处其中,对革命带来的变化感触非常深刻。那时上海男人的辫子消失了,传统的服饰也被弃之不用。辜鸿铭赞叹的那种真正的中国人,几乎再也不复见了。

当时的潮流对革命持赞同态度,清政府被推翻后,大家奔走相告,弹冠相庆。上海各大报纸也都登载了革命的消息,对此表示支持和同情。辜鸿铭为此痛恨不已,他是那么拥护传统文明和政教,知道传统的政治制度一旦被推翻,整个中国文明都将失落,中国将会像西方人一样,进入恶性竞争的社会惨状中。因此,他立即写了一篇文章,痛斥革命,顺带也痛斥支持革命的人。

这篇文章发表在《字林西报》上,文章中把革命军、报馆以及同情革命的中外人士痛骂一番,结果文章一发出来,各大中文报纸纷纷译载,并把辜鸿铭称为"怪物"。这下辜鸿铭算是出名了,不过出的名似乎不是很好。南洋公学的学生看到这篇文章,都赶去围住辜鸿铭,责问他。辜鸿铭见此说:"言论本可自由,汝等不佩服我,我辞职!"然后便愤然辞去了南洋公学的教职。

辜鸿铭在上海待不下去了,就想到北京去,途中他在青岛待了一阵子,看望他在青岛大学上学的儿子辜守庸。德国当时在山东势力很大,青岛大学正是中德合作开办的一所大学,而德国人对辜鸿铭向来佩服。在青岛大学教课的一位奥地利教授,对辜鸿铭更加推崇,把他称为中国现代哲学家,岂料当他向全班学生这么介绍的时候,那些学生纷纷表示,自己根本不知道谁是辜鸿铭。

奥地利教授感到惊讶了,辜鸿铭的儿子就在班上上课,大家居然不知道辜鸿铭?教授这样一说,学生全都转头看辜守庸,试图向他了解他的父亲。辜守庸异常慌乱,因为他对父亲也不了解。他怕他的父亲,对他一派守旧的样子,也觉得难以理解。所有人都紧赶潮流,他却顽固守旧,一副旧社会的装束,说实话,辜守庸心里对此感到羞愧,他当然不懂他父亲。

那时,青岛大学校内兴起了剪辫运动,大家都在追求进步,努力西化。辜守庸也心痒难耐,想要把辫子剪了,不至于在大家面前显得另类,但是他不敢。没有得到父亲辜鸿铭的允许,他无论如何不敢把辫子剪掉。辜鸿铭也确实不愿意让他的儿子剪掉辫子,当时他屡遭挫折,到了青岛,看到儿子仍然把辫子留在脑后,心里还是感到一点儿安慰和高兴的。

在青岛的那段日子,辜鸿铭结识了好几位宗社党成员。宗社党由满洲贵族恭亲王溥伟领导,意在恢复清朝宗室。辛亥革命后,溥伟等人姿态强硬,要夺取袁世凯军队,南下与革命党人拼个你死我活。有一位侍郎甚至提议,要杀光在北京的全部汉人。一时间,北京城内的空气十分紧张,宗社党人成了阻碍清帝退位的最主要障碍,引起了革命党人的忌惮,要出手解决宗社党。

宗社党中最强硬的要属良弼,革命党人见此,就决定请良弼尝尝炸弹的味道。1912年1月26日,良弼被革命党人炸伤,最后因为伤重不治身亡。良弼死后,宗社党名存实亡,基本做不出什么大事了,但是这个组织还存在着。辜鸿铭在青岛时,溥伟正好也来到了这里,两人一见如故。溥伟有意要辜鸿铭加入宗社党,但辜鸿铭最后没有同意。说到底,他是一个文化人,谈谈学问是在行的,要他拿起刀枪去战斗,这实在不是他的专长。

在青岛期间辜鸿铭还认识了一个德国牧师尉礼贤,他对中国文化颇有研究,一直致力于将中国经典翻译成德文,还在青岛创办了"礼贤书院"和"尊孔文社"。辜鸿铭在青岛时常常会到他那里坐坐,尉礼贤后来回忆,辜鸿铭总是像流星一样出现,来去如风,来了之后就骂人,骂外国人、骂革命党人,同时赞扬中国文化,把中国文化说得天花乱坠,咆哮一通之后就离开。

尉礼贤早听说了辜鸿铭是个怪人,但是真正见识到他怪成这副样子,尉礼贤还是觉得很惊讶,不过对于辜鸿铭的学识,尉礼贤又不得不佩服,像他这样一位贯通中外,精通德语,对德国还这么了解的人,是不多见的。后来尉礼贤还将辜鸿铭写的《中国人的牛津运动》一书翻译成德文《为中国反对欧洲观念而辩护:批判论文》,在德国引起了不小的轰动,使德国人更加关注辜鸿铭了。

辜鸿铭在青岛逗留了一段时间后,于1912年年底到达北京,没过多久,他当选了参议院的议员。1912年年初中华民国成立,1912年1月28日,参议院也随之成立起来了。后来孙中山把中华民国临时大总统的位置让给了袁世凯,参议院由此被弄得乌烟瘴气。袁世凯为了实现自己的帝制梦想,花重金贿赂议员,每回议员前来参加会议,都会得到一笔高达300银圆的酬劳。

袁世凯想用这种方法拉拢议员,对于别人来讲,这或许奏效,但是用在辜鸿铭身上,那绝对不会奏效。辜鸿铭拿了钱,非但没给袁世凯说好话,反而每回都把他骂得狗血淋头:清廷那样重视袁世凯,结果他却投靠革命党,背信弃义,百般狡诈,最终摧毁了中国之政教,摧毁了中国文明,还使士兵失去了民族之忠义的观念,总之十恶不赦。

早年辜鸿铭对袁世凯就很看不上。有一回他随张之洞入京,袁世凯为了讨好张之洞,派兵守卫张之洞下榻的寓所,态度殷勤。对于辜鸿铭,袁世凯也刻意讨好,装出虚心的样子向他请教,说他在西洋多年,见多识广,对西洋练兵的方法一定极为熟悉,然后向他讨教西洋练兵的准则是什么。

辜鸿铭正愁没机会讥讽袁世凯,听他这么一问,当即说道:"西洋练兵的秘诀,在于尊王。"袁世凯继续拍马屁:"我曾听说汤生兄用西文写有《尊王篇》,尊王的意义,我倒很想听听。"说的他好像真想听一样,其实不过是想给辜鸿铭留下个好印象而已,以便打好和张之洞的关系。

辜鸿铭才不会趋炎附势,听袁世凯这么问,就讥讽他道:"西洋各国,凡大臣寓所,有派军队守卫的,都是出于朝廷特别的恩赏,现在香帅入都,你竟派军队替他看门,以国家的军队巴结同僚。士兵们见到这种情况,就会只知有你而不知有国家,一遇效命疆场,将各自为自己的领兵统帅而战,临阵一定彼此不相救顾。这样一来,就是步伐再整齐,号令再严明,装备再先进,器械再娴熟,也是不可能打胜仗的。因此,练兵的秘诀,第一是尊王。"

袁世凯讨了个没趣,只得闭口不说。说起来,袁世凯对辜鸿铭尚算可以,辜鸿铭这么骂他,他也没有报复他。有一次别人宴请辜鸿铭吃饭,他遇到一个人,是袁世凯的参政。两人通了姓名,辜鸿铭知道对方居然是在袁世凯手下做事,立即大骂了他一通。

在参议院做议员的日子里,辜鸿铭对袁世凯的攻击也没有停过。他还斥责参议院根本不关心民众福祉,全是在争权夺利。因为骂袁世凯,他还认识了一个志同道合的朋友,办《北京英文日报》的陈友仁。两人都痛恨袁世凯,遇到的时候当真有一种相见恨晚的感觉。从此陈友仁约稿,辜鸿铭写稿,讨伐袁世凯,真是快活异常。

二、中国该不该参加一战

1914年,第一次世界大战爆发。奥匈帝国向塞尔维亚宣战,接着,德国向俄国和法国宣战,英国见此就向德国宣战,随即,奥匈帝国向俄国宣战,第一次世界大战由此正式拉开帷幕。不久,各国纷纷加入战争,蔓延成了一场遍及欧洲、亚洲、非洲、美洲的世界性大战。

第一次世界大战爆发后,对于中国是否应该参战,国内争论很多。其实严格说起来,这不是中国国内的争论,而是外国势力的争论。那时袁世凯已经逝世了,总统由黎元洪担任,国务总理是段祺瑞。亲美的黎元洪在美国的指示下决定参战。日本原本不希望中国参战,但看到美国唆使中国参战,为了在战后更好地控制中国,就督促段祺瑞参战,不料这时美国又不想中国参战了。

　　就辜鸿铭而言，他不希望中国参战，因为第一次世界大战根本不是一场正义的战争，那不过是列强为了争夺利益而爆发的战争。中国向来倡导的是君子之道，如果加入这场战争，就背弃了正义的原则。对中国来说，这并不是什么好事情，事实上对整个世界来说，这也不是什么值得称道的事情。一个国家，应该把友谊和法律置于利益之上，这才是各国应遵守的准则。

　　从实际的情况来看，中国参战也无法获得任何益处。一些国外势力希望中国加入协约国，对德宣战，以便在战争胜利后，不会被归入战败一方，受到侮辱，或许还能得到一点儿好处。这种逻辑就是，譬如一个朋友和六七个人动手，你因为能够得到贿赂，或者在对方殴斗以后自己可以免于受到那六七个人的殴打，就去参加战斗，帮助朋友的对手殴打他，这难道是值得去做的义举吗？

　　中国那时的情况也不好，甚至没有能力保护自己，如果插手大战，不仅最终无济于事，同时还会将灾难引到自己身上。更何况，如果我们因为利益而参战，不顾世界公义，那么，协约国又为什么不能因为利益而打压中国呢？在战后，协约国分享得到的利益之时，为了不让中国从中分取，为什么不能转而把矛头指向中国呢？如果我们按利益的准则去行事，那么我们就将自食其果。

辜鸿铭的看法相当有道理，可最后中国还是参战了。和辜鸿铭预料的一样，这场大战并没有给中国带来多少益处，战争胜利后，中国作为战胜国，没得到什么好处，反而就跟战败国一样，利益一再受到侵害。巴黎和会上，列强完全无视中国的利益，反而把德国在山东的权益让给日本，明目张胆地侵害中国。到这里我们不得不佩服辜鸿铭的预见是相当精准的。

在是否参战这件事上，黎元洪和段祺瑞争得不可开交。他们一方控制着总统府，一方控制着国务院，因此这次争斗被称为"府院之争"。后来黎元洪下令，解除了段祺瑞的职务，段祺瑞一怒之下出走天津，组织力量与黎元洪抗争。为了调节总统府与国务院的矛盾，黎元洪邀请宣武军张勋带兵进京斡旋。

清政府被推翻后,张勋还一直保留着辫子,以示他对清王朝的效忠,他的士兵也都留着辫子,因此被称为"辫子军",张勋则被称为"辫帅"。辫帅入京,按照设想是要调和总统府和国务院的矛盾,但是张勋带着军队开进北京后,根本没去调和什么矛盾,他忽然举事,拥立溥仪复辟,打算恢复帝制。

张勋早有这样的计划,如今算是遇到一个大好机会了。他的军队已进入北京,控制了局面;德国方面又给了他大量贷款,物资充足;北洋督军中,不少人都支持他复辟;段祺瑞虽然没什么表示,但他没有一兵一卒,也做不出什么事情来;康有为等人也北上支持他,更让他胆气为之一壮。

辜鸿铭也参与了这场复辟闹剧,他是最希望恢复帝制的一个人了。不过整场闹剧他并没有参与策划,只是接受了随之而来朝廷授予他的官爵。当时朝廷授予他外务部左丞的职务,他觉得官太小了,吵着闹着要当外务部尚书,弄得很多人都不愉快,最后大家也没答应他,还让他当外务部左丞。

尽管对官职略有不满，看着清政府再次执掌江山，辜鸿铭还是觉得称心如意，但他的好梦很快就破灭了。溥仪复位后，全国上下一片骂声，段祺瑞在天津组织军队，一路打到北京，很快就把张勋给打垮了，打得张勋落荒而逃，躲进了荷兰大使馆。前后十二天的复辟闹剧，就这样结束了。

后来，北洋政府特赦张勋，他的结局还不算很惨。1920年，他过生日，邀请了很多清朝遗老前来聚会，辜鸿铭也在被邀之列。生日会上，辜鸿铭送给张勋一副对联："荷尽已无擎雨盖，菊残犹有傲霜枝。"这本出自苏轼之手，是他鼓励友人之作，但是辜鸿铭却借花献佛，将之送给了张勋。

这副对联确实非常应景，不过很少有人理解其中的意思。有一回辜鸿铭遇到胡适，把这件事告诉他，问他是否理解对联的意思。胡适哈哈大笑说："所谓'傲霜枝'，当然是指张大帅和你老先生都留着的那根辫子了，不过'擎雨盖'是指什么我倒真的不知道。"辜鸿铭解释说："就是清朝的红缨大帽子。"

这副对联的意思已经清楚了,辜鸿铭是在说,大清朝已经覆灭了,官员已经不再穿着清朝的衣冠了,但是仍然有像他和张勋一样的遗老,留着清朝遗留下来的辫子,以表示对清王朝的一片赤胆忠心。更进一步讲,其实对辜鸿铭而言,他的忠心还并不仅仅指向清王朝,更指向中国的传统文化和中国的政教。

辜鸿铭的忠心得到了皇室的回应,1924年,溥仪召见辜鸿铭,并赐午膳。辜鸿铭当时已68岁,他回国也四十多年了,他还从来没有见过皇帝。得到这次召见,对他来说,真是一个万分美妙的经历和荣誉。见到溥仪时,向来嬉笑怒骂的辜鸿铭,居然紧张得连话都说不出来了。

三、北大校园中的古怪身影

1917年,蔡元培到北京大学任校长。北大的前身是京师大学堂,于1898年创办,是戊戌变法的产物。蔡元培到北大之前,北大的风气很不好,官僚主义很浓,大家进去根本不是为了读书学习,完全是为了做官,这样当然读不好书。里面一些有钱的学生,平日里带着听差,打打麻将,吃吃花酒,捧捧戏院里的名角。

蔡元培到北大后,着手整改学校风气。开学典礼上,他向大家强调,来北大上学,要抱定宗旨,是为了读书增长知识而来的。同时,针对北大风气败坏的现状,他提出加强道德培养。为了把北大办成一所合格的高等学府,蔡元培还到处寻找人才,最后他把陈独秀、李大钊、胡适、钱玄同、鲁迅、刘半农等人先后召集到北大,汇成了一股强大的师资力量,北大的风气也由此一变。

在教育理念上,蔡元培主张兼容并蓄,尊重思想自由,这在世界各大学都是通例。因此在北大,教授们的思想也并不完全一致,有的崇尚西方文化,有的却主张坚守传统文化,辜鸿铭持复辟的论调,蔡元培也没有把他赶走。他觉得,教授们自己的政治见解,是他们私人的事,只要不影响教学工作,应该放任他们的自由。辜鸿铭能够在北大教书,有人就认为是基于蔡元培的这一理念。

其实这种说法并不准确,早在蔡元培到北大之前,辜鸿铭就在这里教书了。1915年,辜鸿铭到北大担任了英语系的教授。那一年,著名哲学家冯友兰正好来到北大求学,他对辜鸿铭印象很深。在开学典礼上,辜鸿铭说了一长串话。那时,校长胡仁源说过开场白之后,就轮到他发言了。

据回忆,当时辜鸿铭骂道:"现在做官的人,都是为了保持他们自己的饭碗,但是,一定要知道,他们那些人的饭碗,可跟咱们普通人的不同。他们的饭碗实在是大得很哩。那里不仅可以装洋楼,装汽车,还可以装姨太太!"

骂完官员之后,辜鸿铭说道:"我们今天这个时代,简直越来越不像样子了,真可谓怪事多多。现在的人做文章都不通,不但句子不通,就连所用的名词都不通。就说今天很流行的'改良'吧,以前人都说'从良',没有说'改良'的,既然已经'良'了,你还改什么?难道改'良'为'娼'吗?"

辜鸿铭足足说了一个多钟头,说完之后也没人起来发言,大家就散了。冯友兰认为辜鸿铭是个很自负的人。他的确自负,说完还是一副傲然独立的样子。在北大校园里面,他也不管别人怎么看，照样我行我素，整天穿着一身旧时代的装束，戴着一顶瓜皮小帽，留着一个半粗不粗的发辫。那样子简直古怪极了，那些思想新潮的学生看到了，还以为他是从博物馆里出来的活标本呢。

辜鸿铭在北大教的是英文，开学的时候，他会在黑板上写下自己的大名。辜鸿铭的书法似乎不太好，据他的学生回忆，他写字的时候常常多一笔或者少一笔，错别字连篇，还有的字写得几乎看不懂。就说他写的那个辜字吧，上面的"十"和下面的"口"离得很远，不拼起来看还以为是好几个字。

初见辜鸿铭，学生看他一身古装，都感到非常异样，以为他是来教考古学的。待到他说自己是辜鸿铭，学生们都惊讶了。辜鸿铭的古怪名声在那时已经是无人不知了，特别是他留着的那根辫子，简直成了中国的一景，见到的人无不要驻足观看。

有个调皮的学生，在下课之后曾向大家说道："有没有人想要立刻出名？若要出名，只要在辜先生上楼梯时，把他那条大辫子剪掉，那明天的中外报纸一定会竞相刊载。"当然，这样的出名方法，没有一个人敢试。

授课的时候，辜鸿铭事先和学生约法三章："我有三章约法，你们受得了就来上我的课，受不了就早点退出。第一章，我进来的时候，你们要站起来。上完课我先出去，你们才能出去。第二章，我问你们话和你们问我话时，你们都得站起来。第三章，我指定你们要背的书，你们都得要背，背不出不能坐下。"这约法还算合理，不过第三章可把学生们给难坏了。

辜鸿铭崇尚中国文化，讲英语课的时候，也不忘推崇。他把英语诗分为《国风》《小雅》《大雅》三类，纳入中国的诗词体系之中，还一个劲儿地赞扬中国文化的博大精深。辜鸿铭对他的学生说，他特别赞同古人所讲的"文以载道"的理念，他认为，要讲人生，我们中国人最懂人生了，"那为什么还要学英文呢？就是要你们学好了英文，把我们中国的人生道理去晓谕那些蛮夷去。"

辜鸿铭常常训练学生们做翻译，有一次他自己写了一首英语诗,要学生翻译。同一首诗,翻译出来的中文各不相同,辜鸿铭看了十分不满,就自己翻了一遍,告诉学生翻译要点。渐渐地,学生们对于英译汉也熟练起来了,但是对于汉译英,他们却都表示困难重重,难以掌握其中要领。

这倒也不能怪那些学生,辜鸿铭出的题目实在刁钻,他居然要学生们翻译千字文,千字文的开头两句是:"天地玄黄,宇宙洪荒。"这两句话是什么意思,胡适一辈子都没弄懂,要学生们把这话翻译成英文,实在太难为他们了,所以翻来翻去他们还是翻不出,辜鸿铭见此就只能自己译了。

在学生眼里,辜鸿铭教课不循常规,嬉笑怒骂,十分有趣,因此他的课总是非常火爆。他说的话也每每别出心裁,有一回他对学生说:"我今天教你们洋《离骚》。"正当大家纳闷之时,不知道这洋《离骚》是什么东西,却听辜鸿铭解释,原来是英国诗人弥尔顿的《失乐园》,大家无不哑然失笑。

北大当时还聘请了不少外国教授,这些外国教授是知道辜鸿铭大名的,对他都佩服得五体投地。路上遇到时,看见辜鸿铭远远走来,他们都会侍立一边,以示尊敬。辜鸿铭也不客气,昂首走过他们身边。和他们交谈时,如果对方是英国人,他就用英语骂英国怎么怎么不好,如果对方是德国人,他就用德语骂德国是如何糟糕,如果对方是法国人,他就用法语骂法国的缺点。

那些外国教授听辜鸿铭骂,也不敢回嘴,反而还点头表示赞同。当辜鸿铭骂到精彩的地方时,他们甚至还会拿出笔来记下呢。要知道,当时北大聘请来的那些外国教授,都是世界一流的学者,他们对辜鸿铭如此尊敬,让北大的中国教授和学生们看了,都感到十分惊讶:他们怎么也理解不了,像辜鸿铭这么顽固的人,在那些外国知名学者眼里,为什么会如此受尊敬呢?

常有人指责,辜鸿铭恃才傲物,这或许是事实,但同时也证明了,辜鸿铭的确有才华。有一回北大新来了一个英国教授,他不认识辜鸿铭,在教员休息室里两人相遇。那英国教授看辜鸿铭一副守旧的装束,感到好笑,怎么堂堂北大教授,居然如此古怪。他问打扫休息室的校役说:"这老头子是谁?"校役低声答道:"辜教授。"那英国教授听了之后还是觉得陌生。

这时辜鸿铭注意到他了，转头用英语问他什么名字、教哪一科的。那英国教授自报姓名，然后说自己教西洋文学的。辜鸿铭于是和他攀谈起来，谈着谈着，辜鸿铭忽然改用拉丁语来交流。这下英国教授慌了，他的拉丁语根本不熟，无法用来交流。和辜鸿铭谈话，他左支右绌，最后只能表示，自己拉丁语不好。辜鸿铭咄咄逼人道："你教西洋文学，如何对拉丁文如此隔膜？"

听了这话，那英国教授满面通红，心想中国人真是不可小觑，一个貌不惊人的老头，拉丁文居然说得比他还纯熟。后来他从旁打听，知道那老头原来就是大名鼎鼎的辜鸿铭，才算把三观又给重建起来。虽然他不认识辜鸿铭，但辜鸿铭这个名字，他可算是如雷贯耳了。

在北大，辜鸿铭是一个教书匠，不过他仍然关心时事，常常要发表一些对社会热点的品评。袁世凯登基称帝，辜鸿铭足足骂了一节课。还有一回，北大有一个宴会，邀请了很多政客官僚，宴会上有记者问辜鸿铭："中国国内政局如此

纷乱,有什么法子可以补救?"辜鸿铭随即毫不掩饰地答道:
"有!把现在在座的这些政客官僚都拉出去枪决掉,中国的
政局就会安定些。"这话是当着那些政客官僚的面说的,其
耿直的性格,由此可见一斑。

四、辜鸿铭和胡适

对于新文化运动,辜鸿铭不同意,胡适倡导推行白话
文,主张文学革命,更让辜鸿铭暴跳如雷。以前和辜鸿铭站
在对立面的严复和林纾等人,这回开始同意辜鸿铭的看法
了,也站在中国文化一边,对新文化运动进行激烈的抨击。
他们攻击新文化运动的主将胡适和陈独秀等人,并痛斥蔡
元培包庇他们,用直白的谩骂和恶意的隐喻对他们进行攻
击,甚至呼吁社会用武力解决他们。

比起严复和林纾等人来说,辜鸿铭还算温和的,不过他
也专门撰文对新文化运动表示反对。胡适提出应该废除文
言文,使用白话文,辜鸿铭就针锋相对地表示不赞同。胡适

从小学文言文，知道这东西难以弄懂，学校用这种文字教学生，是不适于教育普及的。在胡适看来，文言文已经成了"死文字"，不再适用于现代社会，政府应该倡导推行白话文，这也便于教育的普及。

辜鸿铭却不认为文言文是"死文字"，他觉得文言文还活得好好的，根本就没有死，也不会死。和古希腊语以及古拉丁语不同，文言文依旧盛行于各种公开的场合，其用词的典雅也是世所公认的。学习的时候，文言文相对来说的确比较困难，但比起白话文，文言文更为高雅，这一点也不可否认。

辜鸿铭用面包、果酱和烤火鸡来比喻白话文和文言文，他说："在世界各地，面包和果酱的消费远比烤火鸡要大得多也是事实，但是，我们却不能因此就认为，烤火鸡不如面包和果酱味道鲜美并富于营养，而都应该只去吃面包和果酱。"胡适想要用白话文代替文言文，就像是用面包和果酱代替烤火鸡一样，在辜鸿铭眼里，这是非常荒谬和极具危害的事情，因此痛斥不已，极力反对。

对于胡适所说的教育普及，辜鸿铭甚至也一笔抹杀了，居然放出怪论说，中国四亿人口中90%是文盲，大家应该为这件事而感到高兴。辜鸿铭的理由是，假如中国人都识字，都变成知识分子，像那些大学生一样参与政治，将是一种极大的浪费。那阵子中国学生在短短的时间内就往巴黎的中国代表那里发了5000份电报，如果中国人都识字，都变成知识分子，都去发电报，那该发多少电报啊，浪费多少金钱啊！从这一件小事，就可以看出教育普及的危害。

辜鸿铭的这一论点当然无法让人接受，看看后来的事实，我们显而易见就能明白，教育普及对国家的确是有好处的。辜鸿铭反对教育普及，无疑是错误的，但若细分析他反对教育普及的理由是从社会整体功利的角度出发的，避免浪费，单就这一点上看，他会持这种观点，也就不值得感到奇怪了。

面对辜鸿铭的指责，胡适也做出了回应，但是他并没有和辜鸿铭争论什么对错的问题，而是采用了"诋毁人格"的方法对辜鸿铭进行攻击。他说辜鸿铭行为古怪、言语荒谬，只是为了"立异以为高"，后来立异太久，就成为了习惯。胡适还说，辜鸿铭的这种性格表现，是心理学上绝佳的研究材料。

　　胡适写的文章刊登在《每周评论》上，后来遇到辜鸿铭，胡适还把报纸给他看。辜鸿铭读后指出，胡适讲的关于他的经历有很多不实之处，甚至开玩笑说，如果胡适不公开道歉，他就去法院告他。胡适听了只笑了笑，也没当真。半年后两人再相见，胡适还向辜鸿铭笑道，他告他的状子递进去了没有？辜鸿铭则严肃地说："胡先生，我向来看得起你，可你那段文章实在写得不好！"

　　辜鸿铭开的课在北大是最火爆的，连倡导白话文运动的胡适都比不上。辜鸿铭对胡适也有点儿不以为然，像胡适这种思想新潮的人物，辜鸿铭没有一个看得上。他知道胡适在教哲学，有一回还对人说："胡适不过只能说些美国中下层的英语罢了！大家都知道，古代哲学以希腊为主，近代哲学以德国为主，但我听说胡适对德文和拉丁文一窍不通，这样的人教哲学，那不是骗人吗？"

同样在北大授课，辜鸿铭和胡适见面的次数还是挺多的，虽然两个人观念不同，见面的时候，倒是客客气气。辜鸿铭常常跟胡适开玩笑，还对胡适讲过发生在他身上的一件事，后来胡适写回忆辜鸿铭的文章时，在里面提到了这个故事。这个故事是辜鸿铭的光荣往事，所以他不止一次对人说，单单胡适一个人，就听过好几遍。

　　事情是这样的，当初黎元洪和段祺瑞因为是否参战意见不一，黎元洪解除了段祺瑞的职务，后来又调张勋的军队前来斡旋。不料张勋却借此阴谋复辟，段祺瑞因此组织军队，打进了北京，由此重新成了国务院总理。为了控制国会，段祺瑞在安福胡同设立招待所，拉拢议员，逐渐形成了一个集团，称为"安福俱乐部"。他们操纵国会选举，这一届国会由此被人称为"安福国会"。

　　安福部在国会选举前，通过了一项法案，部分参议员须由中央通儒院票选，大学教授和在外国得到文凭的毕业生有选举权。这样一来，许多留学生就把文凭拿出去兜售，每张文凭市价高达两百元。辜鸿铭早年游学欧洲，文凭有过好几张，因此被人瞄上了。有一天，一个政客便来动员他去投票。

辜鸿铭说："我的文凭早丢了。"那政客道："谁不认得你老人家?只要你亲自来投票，用不着文凭。"辜鸿铭说："人家卖两百块一票，我老辜至少要五百块。"政客讨价还价："别人两百，你老人家三百。"辜鸿铭说："四百块，少一毛不来，你还得先付现款，不用支票。"那政客还是觉得价格太高，要杀杀价，辜鸿铭却表现出一副不耐烦的样子，直接跟他说，再还价要他滚出去。

那政客见此无奈，只能同意辜鸿铭的要求。在选举的前一天，政客把四百块钱和选举入场券给辜鸿铭送来，并再三要求他明天务必到场。结果那政客刚走，辜鸿铭就乘车到了天津，把四百块大洋全部花在了一个妓女身上。

早年他当选参议员，每回领到出席费，就到八大胡同去，把钱散给妓女，口中说道："古之嫖者为己，今之嫖者为人也。"然后大笑而去。对于妓女的处境，辜鸿铭是相当同情的，还常用钱接济她们，有人说她们在卖笑，辜鸿铭则反驳道:"那不是卖笑,那是卖穷。"

辜鸿铭在天津把钱花完,那已经是两天后了,回到北京,选举已经过了。那政客见辜鸿铭没来,气得跳脚痛骂,三番两次到他家,要找他算账。辜鸿铭回到家,那政客又来破口大骂他不讲信义。辜鸿铭从门口抄起一根木棍,指着那政客的鼻子骂:"你这个留学小政客,瞎了眼,敢用钱来收买我!你也配讲什么信义,你给我滚出去!从今以后,不要再上我门来!"

那政客见辜鸿铭一副凶巴巴的样子,深知此人惹不起,只好灰溜溜地离开了。辜鸿铭向来刚直不阿,那政客居然异想天开地要贿赂他,实在也是自讨苦吃。

第八章 辜鸿铭与他的朋友们

一、东西文化阵营的对抗

1915年,陈独秀创办《新青年》杂志,新文化运动由此拉开序幕。思想家们高举着科学和民主的大旗,鼓吹西方文化,对传统文化大加鞭挞,那些思想新潮的学者,几乎把古代的圣人逐一骂遍了。这一运动愈演愈烈,传统文化在这场运动中受到了极大的冲击,儒家的权威差不多也因此丧失殆尽。

晚清以来,思想家们一直在提倡向西方学习,但是总没有找到门路。最初大家以为要学习西方的科技,只要船坚炮利,中国就能强大,后来发现这么干没用;于是又以为要变法维新,引进西方的政治制度,结果还是没用;最后闹起了革命,倡导民主共和。但辛亥革命后,社会反而更动荡黑暗,民不聊生。

第一次世界大战后,思想家们发现西方的文化也有漏洞,一部分人就开始转向传统文化,从中去寻找救世的答案,但仍有部分思想家坚持认为,可以用西方文化来解决中国问题,不过要实现这一点,我们要改变的不是中国的科技,也不是中国的政治制度,而是中国的人,是中国人的精神和思维习惯。

基于这个观点,思想家们试图改造中国人的精神世界,把西方的民主和科学思想引入中国,而这确实是中国人最缺少的。科学讲究的是精确,中国人最不喜欢精确;民主讲究的是平等,中国社会又最缺乏平等,儒家的等级制度桎梏着大家,因此在中国是没有平等的,只有服从,个人的权利得不到重视。

新文化运动算是终于找准中国无法与世界接轨的原因所在：问题出在中国的人身上。既然找对了症结，事情办起来就容易多了。因此和之前的洋务运动、戊戌变法与辛亥革命不同，新文化运动从一开始，进展就非常顺利，在五四时期，更是达到了高潮，民众的反响十分强烈，风气焕然一新。

当然，并不是所有人都支持新文化运动，特别在五四前期，反对的人还有很多。中国的思想家开始分成两大阵营，一方鼓吹推崇西方文化，一方坚守中国文化，其实还有一方主张调和，但这一方持论太过温和，根本没多少人听。在激进的思想家看来，主张调和是懦夫的行为，也无法达成，只有激进，最后才能调和，如果一开始就主张调和，发力不猛，就只能是原地踏步而已。

这场中西文化的论战，代表中国文化一方的，主要是杜亚泉。他本身是一个精通西方文化的人，担任过数学教习，还创办了中国第一所科技大学，同时创办了中国最早的科学刊物《亚泉杂志》，后来他进入商务印书馆，主编了不少近代科学读物，但是在文化立场上，他却并不主张盲目学习西方文化。

资本主义的弊端在当时彻底显露出来了，第一次世界大战后，更是暴露无遗，在这种情况下，大家很难再去毫无保留地接受西方文化。杜亚泉还是比较倾向于中国文化的，千百年来，中国文化重视和平，主张仁义，重民本、重民生、均贫富、等贵贱的思想，仍然是任何一个国家都应该学习和吸收的。

1918年，杜亚泉以伧父为笔名，在他主编的《东方杂志》上撰文，要大家坚守中国文化，痛斥清末民初盲目学习西方文化给中国社会带来的伤害。同时他还评论介绍了辜鸿铭所著的《中国人的精神》一书，借此倡导中国文化，结果激起了新文化运动思想家的极力反对。他报道辜鸿铭的书，还把火烧到了辜鸿铭身上，引起新文化运动的思想家全部瞄准辜鸿铭发动攻击。

李大钊和陈独秀等人纷纷撰文，表示对杜亚泉的反对，他们连篇累牍地质问杜亚泉，并斥责辜鸿铭思想的顽固和腐朽。杜亚泉面对着新文化运动思想家的猛烈攻击，抵挡不住,只能选择退让和沉默。辜鸿铭在这场争论中虽然站在了风口浪尖,但他其实一句话都没有说,完全是无辜的,不料论战结束之后,最倒霉的却是他,从此盖棺论定,大家都视他为顽固守旧的复辟派分子。

第一次世界大战结束后,1918年年底至1919年年中,战胜国在巴黎凡尔赛宫举行和谈。中国作为战胜国之一,提出的条件不仅没被接受,反而权益受到侵害。外交上的失败消息传到国内,激起了广大民众的愤慨,爆发了震惊中外的"五四运动"。北京大学联合近三千名学生,在天安门前集会示威,愤怒的学生跑到卖国贼曹汝霖家,烧了他的房子,还痛打了章宗祥。

辜鸿铭对这一运动持反对态度,学生的激烈做法他也不赞同,甚至认为学生是暴徒,行为野蛮。他在日本人办的《北华报》著文,表示对"五四运动"的反对。结果文章发出来,他的学生罗家伦看了觉得受不了,跑到辜鸿铭面前,质问他说:"辜先生,你所著的《春秋大义》(即《中国人的精神》),我们读了都很佩服。你既然讲春秋大义,你就应该知道春秋的主张是'内中国而外夷狄'的,你现在在夷狄的报纸上发表文章,骂我们中国的学生,是何道理?"

罗家伦是一个思想较为新潮的学生,和胡适等提倡新文化的老师关系比较好,辜鸿铭在他眼里是顽固派,对此他很看不上眼,上辜鸿铭的课也不认真,英语成绩很糟。辜鸿铭对他也十分厌恶,知道他英语不好,上课时十个问题有九个要叫他回答。罗家伦回答不出,索性破罐子破摔,有时候胡乱回答一通,有时候索性说不知道。有一阵子两个人的关系还闹得非常僵。

有一回在课堂上,辜鸿铭叫罗家伦回答问题,他答得牛头不对马嘴,辜鸿铭当堂训斥了他几句。罗家伦听了不服,站起来抗辩,怒得辜鸿铭拍桌子大叫:"罗家伦!不准你再说话!如果再说,你就是WPT!"罗家伦被辜鸿铭骂了,不过他倒不觉得生气,因为骂他的关键词"WPT",他弄不懂意思。

后来罗家伦去问了别人,大家也说不知道,最后他只好问辜鸿铭:"上回老师不准我说话,骂我WPT。这WPT是什么意思,我到现在也不明白。请老师告诉我,这是哪句话的缩写？出在哪部书上？"辜鸿铭道："你连这个都不知道吗？WPT,就是王八蛋!"那时候还有几个学生在一旁,听了这话都笑了,从此大家都知道罗家伦是"WPT"了,他恨得牙痒痒,但是也无可奈何。

值得注意的是,辜鸿铭在五四之后著文骂学生,罗家伦拿着报纸去质问他,没有就辜鸿铭的观点进行辩驳,而是用道德追杀的手段进行攻击,这是一个很有意思的现象。罗家伦故意绕过事理上的争论,可能也是他知道,在这上面,他的理由也并不充足,因为辜鸿铭这样骂学生,也有一定道理。

"五四运动"发生的时候,事实上也并不是所有的人都表示支持。无独有偶,著名哲学家,被誉为"中国最后一个大儒"的梁漱溟,也不赞同学生的过激行为。他认为学生打人放火是违背法律的,就算曹汝霖和章宗祥罪大恶极,在法律尚未给他们定罪之前,他们仍然有自由。学生的动机可能是出于爱国,但爱国并不能作为动用暴力的理由,否则的话,中国将永远也无法实现法治社会。

这样的看法确实有一定的道理,但是在当时,激情冲破了理智,冷静的话没人能够听得进去。罗家伦拿着报纸质问辜鸿铭,辜鸿铭也无从辩驳。罗家伦的道德攻击戳到了辜鸿铭的软肋,一种被误解之后的愤怒和委屈涌了上来,直把辜鸿铭气得脸色铁青。他瞪着眼睛,足足一两分钟说不出话,最后怒得一拍桌子,对着罗家伦叫道:"我当年连袁世凯都不怕,我还怕你?"

"五四运动"平息后,1919年8月,罗家伦致信北大校长室,提议要把辜鸿铭赶下台,取消他的授课资格。罗家伦先给学校戴高帽,赞扬学校对于功课极力整顿,学生们都很佩服。帽子戴上之后,罗家伦看了看,觉得戴得非常好,就把意图说出来了:现在学生们对于辜鸿铭教的英文课有点儿意见。

蔡元培管理北大采用"兼容并包"的原则,对于学校的教员,只以其学诣为主,至于学校外面的言论,则放任其自由。因此辜鸿铭持复辟论,蔡元培也不管,认为这种政治观念不过是教员的私事,只要与教学无关,通通不必理会。但是罗家伦指出,辜鸿铭没把公私分开,他上课时根本不是这么回事。

给校长室的信里面，罗家伦暴出了辜鸿铭上课的内幕。每回上课，他都只教十分钟不到的书，有时候甚至连一分钟都不教，只鼓吹"君师主义"，他说西洋的社会，大家用武力保持秩序，有律师同警察，那些贫民不服了，所以闹起了布尔什维克主义，中国则不同，历来有君主持外面的操行，有师长管束内里的动机，所以平安。若是要中国平安，非实行"君师主义"不可。

辜鸿铭前后上课一年，总共加起来只教了可怜的六首诗另加十几行诗句，其余时间全部用来骂人，先是鼓吹君师主义，鼓吹完就骂人，学生的时间全被浪费掉了。罗家伦甚至尖刻地讽刺说："这是学校节省学生光阴的办法吗？"

罗家伦继续说，近代西洋诗大放异彩，学生都很希望能够对此有所了解，但是辜鸿铭却不教，每回谈起新诗，他就破口大骂，说这是胡闹。对于英文诗的精神，他也不讲，只解释字意，解释完了就了事，还总是拿中国的诗词做比附，大谈什么这是小雅，这是大雅，这是离骚，这难道是教英文诗的正道？

信里面，罗家伦一再声明，自己所说全部属实，有据可查。从辜鸿铭的这种种行为来看，罗家伦觉得，由他来教英文诗，实在是对广大学生的一种伤害，听他的课，大家还以为他是在讲政治哲学呢，谁都不会认为那是英文课。鉴于此，罗家伦建议把辜鸿铭赶下讲台，让学校取消他的授课资格。

罗家伦的这封信是在五四之前写完的，因为"五四运动"爆发，罗家伦当时就没把信递上去，直到三个月后，他才把信交给了校长室，同时又附上了几点建议。他知道学校不便辞退教师，当时他们年级的英语课时间，只有两个钟点，罗家伦就问了，是否可以把辜鸿铭的这两个钟点减掉，就"让他便宜点儿"，至于这空出来的两个钟点，罗家伦表示，他和他的同学们希望由胡適来教。

辜鸿铭作为一个推崇传统文化的教授，在思想新潮的人眼里，是腐朽和顽固的，因此很多人都看不惯他的作风。像罗家伦这种崇尚新思想的学生，当然对辜鸿铭很不以为然。不过辜鸿铭上课的样子的确让人不敢恭维,讲的内容暂且不说,就看他的作风吧:上课带着童仆为他端茶倒水,坐在一个靠椅上,讲话慢吞吞的,一会儿抽水烟,一会儿喝茶,实在不像一个老师的样子。

二、辜鸿铭对蔡元培的敬重

"五四运动"由北大发起,作为北大校长的蔡元培,对此表示支持,广大市民和工商界人士也纷纷加入其中,罢课、罢工的浪潮席卷全国,最后终于迫使北洋政府就范,退出了巴黎和会上的签字仪式。不过,对于这次学生运动,北洋政府是深恶痛绝的,见蔡元培表示支持,总统徐世昌迁怒于他,甚至要撤他的职。蔡元培得到消息,一面递交辞职信,一面秘密离开了北京。

辜鸿铭对新文化运动中的健将胡适和陈独秀等人非常看不惯,但是对于同样提倡新文化的蔡元培,却非常敬重。当时也在北大教书的周作人,有两次开会遇见过辜鸿铭,每次总是见到他在说蔡元培好话。一次开会大家讨论热烈，蔡元培想要发言，却苦于找不到机会，几次三番站起来说不了话，辜鸿铭见此就暴喝一声，然后叫道："现在请大家听校长的吩咐！"

还有一次，在蔡元培辞职之后，北大的教授开了一个会，讨论如何挽留校长蔡元培。挽留是肯定的，问题是如何挽留呢？是派代表南下，还是发电报给他？各位教授热烈讨论，不料这时候辜鸿铭走上台，慷慨激昂地说："校长是我们学校的皇帝，所以非得挽留不可！"这一古怪的论调让大家感到十分异样，当时一些热衷新文化的教授也在，倡导反帝反封建，听辜鸿铭用皇帝来比附校长，都觉得很不搭调，总算念在辜鸿铭赞成挽留校长的分上，才没和他计较。

对于蔡元培，辜鸿铭是真心觉得他好，对他的评价很高。辜鸿铭曾说："我以为，现在的中国只有两个好人，一个是校长蔡元培，另一个便是我。因为，蔡元培在清末点了翰林之后，不肯做官，而是要革命，到现在还是革命。我呢，自从跟随张文襄做了前清的官之后，一意保皇，到现在还保皇。"

辜鸿铭在北大的作风,实在有碍观瞻,很多人见此都恨得牙痒痒,蔡元培却能够容忍他,对此辜鸿铭确实很感激。就好像当初跟随张之洞一样,他顶撞张之洞不知道顶撞了多少次,张之洞对他却始终以礼相待,因此,终其一生,辜鸿铭对张之洞都很敬重。对于蔡元培,辜鸿铭也是抱着这种感情。

蔡元培离开了北大,辜鸿铭对北大也不再留恋了,跟随蔡元培辞职而去。北洋政府派了胡仁源过来接任北大校长,结果引起全校师生的强烈抗议,几乎又要引发一场学生运动,吓得政府赶紧收回成命,把蔡元培请回来。蔡元培后来回到北大,辜鸿铭拖着他那根驰名中外的辫子,也随之而来。只不过到了后来,在1922年,蔡元培还是离开了,辜鸿铭最终也离开了北大。

三、托尔斯泰的东方知音

辜鸿铭还与俄国大文豪列夫·托尔斯泰有过一段交往,

托尔斯泰向来对中国感兴趣,曾竭力要弄懂中国的一切。他阅读大量关于中国的书籍,还调查过佛教在中国的情况。托尔斯泰非常喜欢中国,在这一点上,他和辜鸿铭脾气相投。早年辜鸿铭曾托人将自己出版的书和文章带给托尔斯泰,当时托尔斯泰已经78岁高龄,但他仍然认真阅读了辜鸿铭的文章,并写了回信。

在信里面,托尔斯泰大赞中国人隐忍的性格。一直以来,中国受到了太多的蛮横和暴力,但却总是用着一种庄严的精神在对抗着这种暴力,而不是以暴易暴。这种镇静和忍耐在托尔斯泰看来,值得人们敬佩,同时也是值得人类保存下来的珍贵财富。托尔斯泰甚至说,这是一条确定的真理。为此他引用了基督徒的一句话来证明道:"那个能够忍受到底的人是唯一的幸福者。"

这种忍让的精神是如此的宝贵,但可惜的是,托尔斯泰发现,中国人正在渐渐失去这样的精神。西方列强在中国犯下的罪恶,让中国人开始慢慢舍弃了原先的生活信仰,转而走上了一条模仿西方的道路,学着欧洲人的样子把自己全副武装起来。托尔斯泰告诫说，这是非常可怕的，因为，中国甚至全世界，将由此失去那美妙的、真正实用的智慧，而这智慧，就是中国人的"道"。

　　和辜鸿铭一样，托尔斯泰也认为，中国人的"道"，能够给世界指出一条康庄大道，让西方人从弱肉强食的罪恶中走出来。"道"本身有着种种益处，但让托尔斯泰感到忧虑的是，中国人正在舍弃历来一直被推崇的"道"。托尔斯泰指出，那些行事草率的改良派，相信中国需要模仿西方，从而使自身强大，这观点看起来合乎情理，其实是草率的。托尔斯泰甚至说，这是愚蠢的。

　　在信的结尾，托尔斯泰表达了自己的结论：西方人通过选举议员来限制权力，而中国人早就有比这更优越、更彻底的办法，也就是"道"。中国不需要通过模仿西方来与世界对抗，只要中国人遵循着"道"，言行符合儒释道三教宽容忍让的性格，回到以前，过一种宁静自在的生活，那么所有的强国都无法使中国人屈服，中国人现在面临的痛苦，也会一并取消，重新获得宁静和自由。

托尔斯泰的这封信先后在德国和法国的报纸上刊登出来，后来翻译到中国，引起了很大的反响，辜鸿铭由此声名大振。两年之后，托尔斯泰80岁生日，大家公推辜鸿铭撰写贺词，向托尔斯泰祝寿。这份贺词至今还在莫斯科托尔斯泰博物馆保存着。之后辜鸿铭和托尔斯泰仍有联系，托尔斯泰把辜鸿铭称为"东方知音"，辜鸿铭翻译的《中庸》和《大学》出版后，还曾寄给托尔斯泰。

20世纪20年代，印度著名诗人泰戈尔访问中国。尽管之前就有人开始介绍泰戈尔的作品，但是中国人对泰戈尔的热情，却并不那么高涨。泰戈尔访问中国的时候，一些知识分子，如鲁迅等人，对此是持冷眼相待的态度的，不过新月社的一些朋友，对泰戈尔的到来却感到万分高兴。泰戈尔访华期间，徐志摩充当他的翻译，这让徐志摩高兴得活蹦乱跳，觉得这是万分荣耀的事情。

徐志摩曾写信给泰戈尔，信里面他说道："在你逗留中国期间充任你的旅伴和翻译，我认为这是一个莫大的殊荣。虽然自知力薄能渺，但我却因有幸获此良机，得以随侍世上一位伟大无比的人物而难禁内心的欢欣雀跃。"后来更是不嫌肉麻地赞美道:"我国青年刚摆脱了旧传统,他们像花枝上鲜嫩的花蕾,只候南风的怀抱以及晨露的亲吻,便会开一个满艳,而你是风露之源。"

泰戈尔的确是一个伟大的诗人,到如今,这已经是一件世所公认的事情,他的诗集被一版再版,影响很大。他还写过大量的小说、剧本、政治、哲学论著,并创作过一千多幅画作和难以计数的歌曲。他的作品反映了在黑暗统治下印度人民不屈不挠的反抗斗争,其中既有爱国主义和民主精神,又有鲜明的民族特色和风格,深受广大群众的喜爱。在1913年,他被授予了诺贝尔文学奖。

泰戈尔访华,辜鸿铭与他见过一次。泰戈尔也十分崇尚东方文化,不过在辜鸿铭看来,泰戈尔根本不配讲东方文化。当着泰戈尔的面,辜鸿铭直言道:"你没资格讲东方文化,因为你不懂《易经》里那种最高深的真理,你最好去写你的诗!介绍东方文化的工作,还是由我来做吧。"泰戈尔听了这话,依旧客客气气,最后两人还合了影,好像彼此之间的交流很愉快一样。

晚年的辜鸿铭极为嗜好《易经》，他认为，《易经》是中国文化的核心所在，而东方文化，无疑以中国文化最为优越，以儒家文化最为优越。要宣扬东方文化，就必须懂得中国的儒家学说，必须懂得《易经》中的哲学。辜鸿铭还算是一个谦虚的人，并不认为自己的易学水平有多么高深，但是比起对《易经》一无所知的泰戈尔来说，他觉得自己还是很优胜的，更有资格代言东方文化。

四、毛姆、芥川龙之介的拜访

国外流传着这样一句话："到中国可以不看紫禁城，但是不能不看辜鸿铭。"辜鸿铭在中国名声不好，但是在国外却声名显赫，他被认为是中国孔子研究最大的权威，他精通多国语言，学贯中西文化，在慈禧太后最信任的封疆大吏张之洞手下当了多年秘书，是一个非常具有传奇色彩的人物。并且，他逆着中国的潮流，反对西方文化，坚守中国文明，这一点也让人好奇和关注。

英国著名文学家毛姆早就听闻了辜鸿铭的大名，到了中国之后，特地去拜访他。毛姆让他的朋友约见一下辜鸿铭，可是等了几天，他却没有得到任何音讯。毛姆感到奇怪，问朋友为什么辜鸿铭那边一点儿动静都没有。朋友说："我开了一张条子给他，请他过来坐，我不晓得他为什么不来。他是个倔强的老头。"毛姆知道坏了，肯定是他朋友语气傲慢，触怒了辜鸿铭，所以不理他。

毛姆慌得立即给辜鸿铭写信，以最谦卑的语气请求拜访他。这下辜鸿铭算是回复了，同意约见。第二天，毛姆就来到了辜鸿铭的家里。见面时两人之间气氛并不融洽，辜鸿铭还在为毛姆朋友的无礼感到生气，讥讽毛姆说："你想来看我，我深感荣幸。你的同胞专同苦力打交道。他们以为，中国人不是苦力就是买办，两者必居其一，他们以为，只要一招手，我们就非来不可。"

见辜鸿铭一副生气防备的样子，毛姆就开始说恭维话，奉承的话一句接一句蹦出来。作为一个著名的文学家，毛姆运用文字的水平是多么高超,好话说起来当真是天花乱坠,就算是铁石心肠的人,听了他的话也要变得内心柔软。辜鸿铭虽然向来尖酸,不过听了毛姆的吹捧后,他的神情还是缓和下来了。

辜鸿铭和毛姆谈起了哲学方面的事,刻薄地说,英国人是不适宜研究哲学的。作为一个英国人,听别人这么讲,毛姆当然不赞同,他反驳了几句,说自己的国家也有不少哲学家。结果刚说了这可怜的几句话,就激起了辜鸿铭一大段的驳斥。他说到自己以前在牛津上学,那里的哲学教授,想的都是不得罪神学院的同事,以便保住在大学的地位,这样研究哲学,根本不可能有成果。

没有见辜鸿铭以前,他给毛姆的印象是,他是一个有骨气的人,不趋潮流,我行我素。对照他,牛津的那些哲学教授确实显得很没骨气。毛姆见此转而问辜鸿铭:"你可曾研究过美国现代哲学的发展?"辜鸿铭用一种不屑的语调说:"你说的可是实用主义?那是那些想要相信不可信的东西者的最后逃避所。我用美国汽油比用美国哲学还要多。"听着辜鸿铭的尖刻回答,毛姆也无话可说了。

后来他们还谈了不少东西,谈着谈着辜鸿铭就开始骂西方国家,骂西方的军国主义,骂西方就知道高举机关枪。相比西方来说,中国样样都好,有卓越的文化和思想精髓,有高尚的道德情操。中国人治理国家用的是道德,而西方却是用武力,辜鸿铭大声说:"你们喜欢机关枪,你们也将被机关枪判决!"

毛姆对辜鸿铭的一些话并不服气,后来见辜鸿铭骂得那么凶,只好表示服气。几次三番毛姆听不下去了,想要离开,辜鸿铭却不放他走,要他继续听自己骂。后来辜鸿铭的女儿出来,中断了他们的谈话。辜鸿铭的女儿正好出生于溥仪弃位那一天,辜鸿铭说:"她是这老大帝国覆亡的末了一朵花。"说着辜鸿铭又拿起自己的发辫,让毛姆看,说道:"我是老大中华的末了一个代表。"

日本作家芥川龙之介到中国的时候,也曾拜访过辜鸿铭。芥川龙之介是一个非常著名的作家,不仅在国内有名,在世界同样有着很高的知名度。20世纪50年代,日本著名导演黑泽明拍了一部《罗生门》，震惊世界，被誉为"有史以来最有价值的10部影片之一"，而这部电影正改编自芥川龙之介的小说。

到达辜鸿铭家的时候，侍者引他入内。厅堂里，壁上悬挂着碑版，地上铺着地毡，芥川龙之介看了，虽觉得这不失为可爱的屋宇，但总觉得这似乎是"臭虫"居住的地方。对此辜鸿铭解释，他是一个中国人，中国人崇尚精神生活，眼里只有星星和月亮那般美好的事物，脏乱的环境是注意不到的。

很快，辜鸿铭出来了，他的发辫已变成了灰白色，但目光炯炯有神，穿着一件黑色的褂子，鼻子很短，脸看上去像是很大的蝙蝠。和他谈话，辜鸿铭在桌上铺了几张稿纸，一边用手写着什么，一边操着一口英语滔滔不绝。辜鸿铭对芥川龙之介印象不错，说道："你不穿洋服，难得。"

芥川龙之介和辜鸿铭谈了大约半个小时，他看到一个七八岁的女孩羞羞答答地走到厅堂中。那是辜鸿铭的女儿，由吉田贞子所生。辜鸿铭对她小声说了几句话，然后那女孩便开始唱起了一首日文歌。辜鸿铭听着感到满意，微微笑着，芥川龙之介却因此勾起了浓浓的乡愁，看着她的脸感到一丝忧伤。

辜鸿铭的女儿待了一会儿就回去了，辜鸿铭又开始和芥川龙之介谈论起来。他说到了段祺瑞，说到了吴佩孚，还提到了托尔斯泰。对于当时社会军阀混战的乱局，表达了自己的意见。辜鸿铭指点江山，品评人物，越说越觉得意气风发。芥川龙之介看了，只觉得他目光如炬，脸庞则越来越像蝙蝠了。

很显然，辜鸿铭对时局一直很关心，时事问题始终萦绕在他的心中。芥川龙之介感到不能理解，既然辜鸿铭如此关注时局，又为什么表现出那么一副不问时事的样子呢？辜鸿铭解释了理由，可芥川龙之介不懂，问他为什么不再试试？辜鸿铭就愤愤地在纸上写了一连串的"老"字，以回答他。

待了一个小时，芥川龙之介辞别辜鸿铭。虽然离开了，辜鸿铭蝙蝠般的脸庞好像还在他面前。他感慨辜鸿铭的老去，为自己还年轻而感到高兴。对这次的拜访，他也觉得满意。之前有个外国朋友对他说："到中国可以不看紫禁城，但不能不看辜鸿铭。"芥川龙之介觉得，这外国朋友真没骗他。

第九章　学贯中西的文化怪杰

一、一个民族要有教养

1924年9月,辜鸿铭由日本友人鹫泽吉次推荐,应朝鲜总督斋藤实子爵之邀,赴汉城(今首尔)游览观光。日本大东文化协会了解到这个消息,立即出面邀请辜鸿铭访问日本。辜鸿铭对此欣然应允,他的妾吉田贞子是日本人,他对日本充满好感,加之日本同样传承着中国文化,更让辜鸿铭觉得亲近。

日本在那时名声不太好,依仗自己的军事实力到处侵略别国,惹得一些国家,特别是东南亚国家,纷纷怨声载道。

国际上，美国通过了《排日法案》，制裁孤立日本，让日本的一些民众大感不忿。不少人就由此认为，日本应该联合东南亚的国家。日本大东文化协会的人，便大多赞同这样的看法。

在东南亚，日本的军国主义已经残害了不少国家，比之美国，东南亚的国家对日本更加痛恨。日本想要找一些人去访问，并不是那么容易。在中国，一些拥有爱国心的知识分子，都对日本侧目而视，不过辜鸿铭倒非常欣赏日本，"五四运动"时，学生排日情绪高涨，辜鸿铭还为此表示严厉反对。

邀请辜鸿铭访问，在日本也并不是所有人都赞同，事实上有不少人反对，认为辜鸿铭书法写得不好，汉诗水平也不怎么高，对汉字造诣不深，一言以蔽之，辜鸿铭在中国文化上的水平还不够格。尽管辜鸿铭被称为国学大师，但毕竟中途才入此道，国学上的造诣确实不是非常顶尖，不过，辜鸿铭非凡的见识和正直的品格，最终让日本人决定，邀请他访问。

辜鸿铭很高兴地接受了邀请，尽管国内排日情绪高涨，但他对日本却赞赏有加，认为日本真正继承了中国文化。相比来说，在中国，传统文化已经不纯了。中国的汉唐文明卓立于当世，但自从蒙古铁骑入侵，一切就被摧毁了，只有江浙地区残存着一些宋代文明，日本却在蒙古的入侵下得以保全，延续了真正的汉唐文明，使之继续灿烂至今，因此，日本有发扬此文明的重任。

对日本，辜鸿铭当真满怀期待，他希望日本能继承和发扬自古传承下来的道德标准和民族精神，即汉唐遗风。如果日本完全西化，而抛弃了在中国学到的文明，那么，日本就将成为一朵离开泥土的蔷薇，从此枯萎。这是辜鸿铭在告诫日本，避免军国主义在日本的进一步发展，摧毁本国的文明。可惜的是，辜鸿铭的这一预言不幸变成了事实，日本在第二次世界大战中成了世界的侵略者，最后自食其果，不仅传统的文化遭到毁灭性打击，民众也深受其害。

1924年到访日本，辜鸿铭受到了热烈的欢迎。在大东文化协会的安排下，他在东京、京都、大阪、神户、滨松等地方巡回演讲。演讲的题目有《何为文化教养》《中国文明史的进化》《日本的将来》《东西文明异同论》《关于政治与经济的真谛》等，反响空前。尽管辜鸿铭年事已高，牙齿脱落，口风不紧，但每回演讲，观众总是爆满。

在日本，辜鸿铭重申了自己在国内所讲的观点，鞭挞西方文化，倡导中国文化等等。这些看法他孜孜不倦地在国内讲了一遍又一遍，但是不被认同，反而还被认为是精神病。辜鸿铭因为他的看法，受到了许多负面评价，他却不检讨自己，到了日本，居然还把这样的观点拿出来说。

辜鸿铭对日本的朋友讲，在中国，他是一个被误解的人，他希望日本人不要误解他。他分析了晚清以来的时局，通过历史向大家表明，他的观点确实没有错。他再次评价了曾国藩、李鸿章、张之洞、康有为和袁世凯等人，除了张之洞和曾国藩让他感到印象不错，其余的几个人他都认为很糟糕。

曾国藩平定了太平天国起义，使中国社会重新恢复了和平和秩序，但是他却没有因此专权自重。他是一个伟大的官员，一个学者，是一位学识、德操、权术兼备的杰出人物。可惜的是，继承曾国藩的李鸿章，水平就差多了，他没曾国藩的那种教养,只有行政方面的能力,结果把中国引入道德堕落的深渊。

李鸿章的寡头政治在中日战争中被摧垮了,随之而起的是袁世凯。辜鸿铭评价说,袁世凯这一寡头政治集团不光混账、傲慢,而且是由一个唯利是图的地痞组成的,只知道吃喝玩乐,完全不考虑民众的福祉和利益。聚集在袁世凯周围的还有一些"受过不彻底的外国教育的知识分子",他们通过向袁世凯鼓吹采用西方的文化制度来证明自己的才能,结果把社会弄得一团糟。

晚清时,朝中也有一些官员,真正重视名教,重视国人的道德情操。张之洞就是这样一个官员,他奋力补救被李鸿章等人败坏的道德,弘扬名分大义,试图把分散在寡头政治集团手中的权力重新收回到皇帝手中。辜鸿铭把张之洞称作"新中国党"的开山鼻祖,而他自己,就是其中的一个成员。

在"新中国党"中,还有一个风云人物,不过在辜鸿铭看来,这应该是一个臭名昭著的人物,他就是康有为。康有为没有张之洞和曾国藩的教养，没有真正的德行和修养，不过是一个"艺人"，靠卖文为生，是个肤浅的旧学徒。他把自己称为"新中国党"，不过辜鸿铭觉得，康有为更像是"吹牛党"。

辜鸿铭的褒贬态度非常明显，从中也折射出他的治国理念，那就是希望国家重视民众的道德。演讲《何为文化教养》，辜鸿铭着重讲述了这一看法。曾国藩之所以能够安定社会秩序，是因为他有着这种文化教养，而在李鸿章的治理下，社会停滞，导致革命爆发，正由于他缺少这种教养。

所谓教养，在辜鸿铭这里，其实就是遵循儒家文化的准则行事。东方国家，比起西方国家来说，物质方面显然不如人家，但这并不意味着比他们低劣。辜鸿铭拿日本举例，日本人穷是穷了点儿，吃着萝卜干，住在简陋的屋子里，不过他们却是优秀的民族，因为在他们朴素的生活中有着崇高的理想。这件事最为重要，只有拥有教养，一个人才能走在一条真正的人生之路上。

二、东西文明异同论

在日本演讲期间,辜鸿铭途经东京,在东京工商会馆作了一次关于《东西文明异同论》的演讲。值得注意的是,在这次演讲中,辜鸿铭明言倡导说,他主张的是中西文化的融合。他认定中西文化必定能够融合,随着时间的推移,中西文化之间的差异将渐渐消失,最后融合到一起。这是辜鸿铭坚定不变的信念,他还表示,他希望将中西文化融合到一起,把这当作余生奋斗的目标。

很多人都说辜鸿铭顽固,这一点他坚决不承认,他一再表示,这是大家对他的误解。当时,人们对知识分子的划分也的确过于简单粗暴,谁说两句传统文化的好话,立即会被贴上守旧和顽固的标签。辜鸿铭在这件事上是最大的受害者,其余的受害者还有很多,像梁漱溟,他和辜鸿铭的遭遇就比较雷同。其实这些崇尚传统文化的人,内心都不认为自己顽固,他们只是在寻求真理。

演讲中，辜鸿铭鼓吹中西融合，不过随着他继续讲下去，论调就又改变了。他讲述了欧洲文明的发展，从希腊文明到罗马文明，再到欧罗巴文明，接着是文艺复兴，宗教改革，法国大革命，再然后是社会主义、过激主义四处兴起，欧洲社会经历了很多改变，这种改变到此时仍然在延续。辜鸿铭认为，欧洲就像一幢正在建造中的房子，不管物质水平多么发达，房子没造好还是不能住人。

相比西方来说，中国就优胜很多了，如果说欧洲是没有造好的房子，那么中国就不仅是已经建造完毕的房子，而且里面还住上了人。在辜鸿铭看来，欧洲人没有真正的文明，因为真正的文明的标志是有正确的人生哲学。辜鸿铭觉得欧洲是没有这东西的，而中国就有，中国人的人生哲学非常完备，这就是"道"，教导人们怎样才能正当地生活，人怎样才能过上人的生活。

辜鸿铭通过对比中西方人的个人生活、教育问题、社会问题、政治问题、文明问题，来证明他的观点。西方，生活个人化，目的就是成为一个好人，教育同样也个人化，目的是训练自己的能力，以适应社会。人与人之间的关系，则建立在赤裸裸的金钱之上。政治靠武力保障，军国主义盛行。文明的标志，美和聪慧，在西方也很少见，他们只有冰冷的机械和物质而已。

中国的情况则完全不同，传统文化并不单单教导人们成为一个好人，而是教导人们成为一个好公民，在家做一个孝子，在外做一个良民，更具社会性。教育方面，中国提倡的是拥有德行，创造一个美好的社会，而不是唯利是图。在社会中，人与人之间依靠的是道德关系，即名分大义、尊重长者和贤以待人。政治方面靠的是廉耻和道德观念在约束着人们。

辜鸿铭演讲《东西文明异同论》，开头就讲中西融合，但是整篇演讲，其实都是在贬低西方文明，提倡东方文明。辜鸿铭所指出的，西方文明的弊病，倒也并不是无中生有，当时，西方文明的确处于衰落的阶段，不仅辜鸿铭这么认为，全世界许多学者都持这种看法。他认为中国文明能弥补西方文明的弊病也有一定道理，但如果全部使用中国文明，对世界来说其实也不是全然有益。

1924年10月16日，辜鸿铭从日本前往台湾，看望他的亲戚，台湾著名实业家辜显荣。1925年4月下旬，日本大东文化协会再次邀请辜鸿铭到日本访问。辜鸿铭带着夫人和女儿前往日本，开始在各地巡回演讲。这期间，奉天军阀张作霖有意请辜鸿铭前去担任政治顾问。辜鸿铭从日本赶往奉天，前后和张作霖会晤四次，谈着谈着，两人就谈崩了，辜鸿铭重新回到了日本。

在日本，辜鸿铭努力学习日语。他的妾吉田贞子曾教过他几句，其中有一句是他印象非常深刻的："我是个梅干老头。"意思是"我是个满脸皱纹的老头"。辜鸿铭常常把这当笑话一样到处讲。他非常喜欢小孩子，经常和他们一起玩。没有小孩陪他玩，他就到大街上，随手抓几个小孩，然后和他们玩，说几句"我是个梅干老头"之类的笑话，让人看了忍俊不禁。

辜鸿铭非常关注日本的小孩，曾总结说："日本的小孩不爱哭。"有一回他看到一群日本小孩子列队经过，忍不住说道："日本的力量。"这句话他还反复说了好几遍。看到一群日本的女孩经过,他又反复说:"日本的未来。"

日本当时受西方文化影响很大,风气开放,大街上常常看到恋人卿卿我我之状。辜鸿铭特别反感这件事,有一次看到一对男女在大街上亲热,他忍不住猛地高声道:"就没有治洋气病的药!"让周围人听了吃惊不已,纷纷转头看他,见他是一个留着发辫的中国老头儿,又是大吃一惊,忍不住多看了他几眼。

在国内,辜鸿铭就以古怪著称,到了日本,他依旧保留着自己古怪的样子,并且到了旁若无人的地步。他非常喜欢干涉日本男女的恋爱问题,看到街上有人亲热,他就要出言喝止。有时两个人就只是拉拉手,他看到也要厉声叫道:"日本危险!"要知道,那两人不过是拉了拉手,这样就算危险,那么假使辜鸿铭看到如今这个时代男女恋爱的风气,估计要觉得世界末日到了。

日本大东文化协会安排了萨摩雄次接待辜鸿铭,萨摩雄次对辜鸿铭非常佩服,在随行接待期间,他听辜鸿铭说了不少警句,辜鸿铭的一些做法也让他由衷敬佩。生活方面,辜鸿铭并不富裕, 甚至很穷困, 不过对此他却从来没有抱怨。他的仆从告别他而去,他还从并不丰裕的口袋中拿了点儿钱出来送给他。这种注重情谊的高贵品质,让萨摩雄次看了非常感动。

和萨摩雄次在一起,辜鸿铭说过很多话,表现得非常健谈,有些话甚至十分具有攻击性。辜鸿铭说话直来直去,在国内就是这样,他不会想着去遮掩,不管面对的是谁,他都敢毫无保留地把心里的话说出来,哪怕那是骂人的话,辜鸿铭也从不掩饰。萨摩雄次在一旁听着,常常为之捏把冷汗。

很少有人能够劝动辜鸿铭少说几句, 唯一能够制止他说话的,是他手上戴着的那枚戒指。那是吉田贞子给他的,她知道辜鸿铭言语太多, 容易冲撞别人, 就给了他一枚戒指,告诫他说:"您攻击性的言论过多,届时请务必看看这枚戒指,您就会想起我对您的牵挂而慎言。"每回辜鸿铭想说一些激烈的言辞,发表一些忧愤的话语,看看手上戴的那枚戒指,他就会适当地控制住自己了。

三、近代中国了不起的语言大师

辜鸿铭拥有高超的语言天赋，精通九种语言，他的英语水平连西方人也感到叹服不已，认为直追散文大家马修·阿诺德。义和团之乱时，辜鸿铭用英语写了一系列文章，后来结集出版。他写的文章，字里行间流露出的那种冷静与高贵，以至于让人都不敢相信那是出自一个中国人之手。孙中山后来评价说，中国近代只有三个半英语人才，而其中最了不起的一个，就是辜鸿铭。

早年，俄国皇储游历中国，到达湖北。张之洞当时还在做两江总督，因此带着官员前往拜访，辜鸿铭作为翻译也跟随前去，那次相见让俄国皇储对辜鸿铭印象很深。当时辜鸿铭准确地翻译了那些艰涩难译的官名，又用俄语提醒俄国皇储，在送别张之洞的时候应该用什么礼节。辜鸿铭流利的俄语水平让俄国皇储敬佩不已，对于辜鸿铭的善意提醒，俄国皇储也感到非常感激。

张之洞不久又为俄国皇储接风，当时他们约定用法语作为通译。席间，俄国皇储用俄语对一起来的希腊皇子说："我们今晚还有别的约会，可不要喝多了。"辜鸿铭听闻此言，随即答道："两位皇胄放心，这次的宴席是按总督大人的吩咐精心准备的，既讲究，又卫生，请不必多虑，务得尽兴方好。"俄国皇储已经见识过辜鸿铭的语言天赋了，随行的人见此，则无不感到大为惊讶。

宴会结束时，张之洞拿出鼻烟壶，凑到鼻子上吸了吸，看似非常享受。这引起了希腊皇子的好奇，用希腊语问俄国皇储说："你看，张总督吸的是什么东西？"俄国皇储耸耸肩，表示不知道。辜鸿铭见此立即将他们的疑惑告诉了张之洞，张之洞便把鼻烟壶递过去给他们看。这下大家更是惊讶了，也没兴趣看什么鼻烟壶了，纷纷看着辜鸿铭，由衷赞叹他的语言天分。

那天散会，俄国皇储还特地走到辜鸿铭面前，把手上戴着镂刻有皇冠的金表送给了他，作为纪念物，还长时间握住他的手，非常激动地对他说："辜先生，我非常欣赏您的语言才能,更佩服您的思维敏捷,日后有机会的时候,欢迎到敝国去做客。请相信我,届时一定会以最尊贵的礼节来欢迎您。"俄国皇储离开湖北之后,一路走到上海,说起旅途经历时,还总会提到辜鸿铭。

辜鸿铭不仅有着超高的语言才能,并且还巧舌如簧,能言善辩,他在争辩方面的能力也是出了名的,谁都不能不服。张之洞任两江总督期间,训练了一支新军,聘用了几位德国教官,他们到中国来,穿着大清的官服,但是不愿意行跪拜礼。在晚清中西交流上,关于跪拜礼节问题的争论,有时甚至会闹出国际纠纷。这次来的两位教官,也不愿意向张之洞跪拜,认为这样做有失尊严。

辜鸿铭见此就出面劝说他们,这回他操的是一口流利的德语,旁征博引地向几位德国教官说明为什么要行下跪礼。跪拜并不是强调尊卑贵贱,而是表示尊敬,就算是在德国,也有跪拜的礼节,在教堂中,在德皇面前,甚至在喜欢的女人面前,不都会跪拜吗?那几位德国教官听了觉得似乎有点儿道理,辜鸿铭的一席话让他们从此接受了跪拜的礼节,这件事在当时还引起了不小的轰动呢。

辜鸿铭熟悉西方文化,又精通西方语言,他的文章对西方世界提出的批评,也的确搔到了痒处。辜鸿铭指出,西方所倡导的自由竞争的观念,对整个社会乃至于人类本身都将产生毁灭性的危害。而这种危害正像辜鸿铭所预言的那样,在一步一步地显现出来,因此,西方世界对辜鸿铭非常佩服。

1901年,辜鸿铭把义和团之乱中撰写的文章结集出版,名为《尊王篇》。这本书在西方多个国家上市,影响很大,西方人对这本书的评价是非常高的。一份德国报纸的评论称:"辜鸿铭对欧洲和欧洲人的熟悉程度,几乎没有第二个中国人可以比肩。他不是一位政治家,而是一位哲学家。"

辜鸿铭翻译的《论语》在西方出版的时候,销量更是达到百万册之巨,相当惊人。第一次世界大战之后,西方人对辜鸿铭更加拜服了,把他当作与泰戈尔和冈仓天心同等重要的东方圣哲。在西方人眼中,辜鸿铭比之梁启超和梁漱溟,更加具有名望,一些西方哲学家都把他的书当作重要权威加以引用。

美国、日本、英国、德国等国家，都有人激赏辜鸿铭的思想，而其中德国人对辜鸿铭的热情无疑最高。一个德国教授屡次向学生推荐辜鸿铭的著作，还有一位德国教授甚至规定，如果学生不懂辜鸿铭的思想，就不准他参与讨论。在德国的莱比锡大学，辜鸿铭的著作还被指定为学生的必读书目。

德国有位教授对辜鸿铭佩服得五体投地，把他的书看了十几遍，每看一遍都感到有很多收获。有一回他听闻辜鸿铭生活窘迫，说他看到北京有很多贫民，想设法救济，又没有余财，政府对此也不管，心里感到非常痛苦。那教授见此立即筹了一笔款子，骗辜鸿铭说这是他的稿费，给他邮寄过去。

在西方，辜鸿铭声名显赫，他的思想有许多人研究，辜鸿铭大力批判西方人的文明，似乎骂得越厉害，西方对他的赞扬之声越高。但是在中国，知道辜鸿铭的人却是寥寥无几，大家都把他当作顽固派加以斥责。辜鸿铭那么热衷中国的文明，提倡中国文化，但是大家反而对他侧目而视，对于他的思想也唯有谢绝而已，偶尔辜鸿铭发两句议论，还要被国人骂个狗血淋头。

这种现象看上去非常奇怪，但仔细想想，其实并不奇怪。当时中西方社会发展的程度不同，辜鸿铭的批评是正对西方世界发出的，在西方，以自由主义建制化的资本主义发展了一百多年，已经开始出现了许多问题，辜鸿铭的批评正是针对这样的问题，是大家的心声，西方人对此当然欢迎和认可。

中国当时处于封建社会晚期，资本主义还没怎么发展起来呢，根本没有西方人遇到的问题，大家对辜鸿铭的观点当然不感兴趣。加之中国在列强的围攻下，权益被不断榨取，中国需要实现的是富强，因此这时要向西方学习，一门心思地提升国力。辜鸿铭在中国得不到认可，原因正在于这样的社会背景。

现在，一百多年已经过去了，社会发生了很大的改变，当初西方存在的种种问题，已经在中国出现了。如果辜鸿铭出生于现在，那么，他的倡导一定会被大众所接受。

四、历史不该遗忘辜鸿铭

第二次到日本演讲,辜鸿铭再次提倡中国文化。他非常希望中日亲善,是一个积极而坚定的中日亲善论者,因为日本文化与中国一脉相承,亲密无间。据说当初他和段祺瑞会晤没有谈拢,就是在对日问题上观点不同。中日之间的纷争辜鸿铭也没有掩盖,两个国家的确不那么融洽,甲午战争时,更是打得死去活来,但辜鸿铭认为,这就像兄弟间的争吵,没什么要紧。

辜鸿铭从中国来,深知中国的现状,传统文化在中国保存下去都困难了,要发扬更是难上加难。在中国,只要提倡传统文化,马上会被认为顽固,严重点儿的要被当成精神病,这种情况下,传统文化必然会走下坡路。日本却能够把中国文化传承下去,日本人的精神之中,正蕴含着中国文化,并且依旧浓烈。辜鸿铭由此认为,日本有这个神圣的责任,去弘扬中国文化。

日本是东亚唯——个能够抵抗列强侵略的国家，这并不是因为明治维新以来日本努力学习西方的结果，这只是表面原因。日本能够通过明治维新迅速走上富强之路，恰恰源于中国文化对日本的熏陶。日本存有汉唐古风，"民知好义，尚节气"，有着一种奋勇前进的热情。当西方列强打来，他们不顾死活，前仆后继。有了这种精神，日本才最终发展成了强国。

辜鸿铭由此得出结论，一个民族要自立自强，就必须坚持儒家的精神，重义轻利，团结一致，关键的时候能够不顾个人利益而奉献出自己的全部，只有这样，国家才能强盛。中国当时盲目学习西方，把中国人的这种精神给泯灭掉了，结果弄得整个中国在文化之上出现裂痕，大家追名逐利，一盘散沙，尽管努力地在学习西方的科技，却收效甚微，在列强的侵略下一败涂地。

对于日本，辜鸿铭寄予厚望，西方媒体因此指责他有意讨好日本。这一点辜鸿铭坚决不承认，他说，他对日本的赞扬，完全出自公正的评价，没有任何讨好。要讨好，他也没必要讨好日本人，完全可以去讨好中国人，"去拍袁世凯的马屁、曹锟的马屁"，那样的话，"至今我不是大总统也是总理大臣了"。说他讨好日本，是不正确的，他赞扬日本只是希望大家把中国建设得更好。

随着中日关系的恶化，辜鸿铭在日本越来越不受待见，但十多年以后，日本国内却兴起了辜鸿铭热。当时日本全面侵华，鼓吹"大东亚文化建设"，把辜鸿铭在日本演讲期间的话断章取义地拿出来，作为这一理念的重要依据。辜鸿铭当初说中日文化一脉相承，是为了实现中日亲善，结果却被日本当局用来作为入侵的借口。

1927年，辜鸿铭离开日本，回到中国。当时中日关系日趋紧张，辜鸿铭却在日本极力推崇中国文化，变得非常不合时宜。与之前来听辜鸿铭演讲时的火爆场面不同，第二次来日本，辜鸿铭备受冷落，甚至遭人白眼。最终，他不得不离开日本。在一个秋风萧瑟的雨夜，辜鸿铭踏上了回国的轮船，他走的时候，前来相送的，只有那个一直陪伴接待他的好友萨摩雄次。

萨摩雄次后来写过一篇追忆辜鸿铭的文章，他用一个词来形容晚年的辜鸿铭，那就是"寂寥"。晚年的辜鸿铭是一个非常寂寞的人，在日本尽管他也很健谈，很热情，内心却十分孤独。他常常坐在护城河边的柳树下，抽一支烟，看着香烟的烟柱缓缓升空，沉默地不说一句话。萨摩雄次陪着辜鸿铭，他更加深切地体会到辜鸿铭身上的寂寥。

　　晚年的辜鸿铭经济还很穷困，他爱好抽烟，但是买不起。在日本，萨摩雄次会挤些钱出来给辜鸿铭买烟抽，但是到了中国，就没有人这么好心了。从日本回到中国，辜鸿铭一直蛰居在北京城，生活极度拮据，有时连米都买不起。事实上，这种状况在辜鸿铭的一生之中，占据大部分时间，为生计所迫，辜鸿铭偶尔也会接受一些工作，但却从不为此出卖自己的良知。

　　1928年，山东军阀张宗昌任辜鸿铭为山东大学的校长，但还没上任，辜鸿铭就病倒了。这年3月份，辜鸿铭突然卧病不起，高烧不退，请医生来看，也没有任何效果。病中辜鸿铭依旧著述不辍，直到生命的最后一刻，他仍然在病榻上跟别人讲着儒学。不时他还让他的女儿朗诵弥尔顿的《失乐园》，这首不朽的诗篇他一生背过五十余遍，直到临终还念念不忘。

1928年4月30日，辜鸿铭病逝于北京，终年72岁。他死之后，被废的溥仪皇帝特别赏银治丧，并赐予他"含谟吐忠"四字。国闻社和《大公报》发表了简短的消息，但并不隆重。

辜鸿铭活着的时候，他就不被认可，遭遇冷眼，逝世之后，更没人把他当一回事。他就像一件旧货一样被弃如敝屣，这个文化怪杰，震惊西方的中国哲学家，让世界大师前来拜访的辜鸿铭，很快就销声匿迹了，几乎不再被提起。

古怪、疯癫、顽固、保守等一系列贬义词，成了辜鸿铭盖棺论定的标签，大家只把他当作一个阻碍社会发展的怪物，再也不愿意翻开他的书，去思考他的观点和学说。历史对他的评价是不公正的，他的看法尽管有不少错误，但并不比别的知识分子错误更多，事实上，他一再提倡的传统文化，如今也的确日渐被人重视了。

后记:中国不能全盘西化

中国自从挨了西方的几顿狠揍之后，就开始向西方学习了，最初这种学习只是很少量的，学一些工业和军事等，但是发现只学这一点点，还是要挨揍，于是就越学越多，最后连全盘西化这种激进的论调都出来了。中国的旧传统、旧文化，被批得一文不值。

鼓吹引进西方文化对摧垮中国文化中腐朽的一面是有意义的，等级压迫、封建礼教都受到了一定的打击。儒家的权威被打下去后，的确使一些人获得了自由，但是西方文化的冲击力实在太大，在众多文化名人的大力宣扬下以排山倒海之势涌入中国，根本刹不住车，结果连中国文化中好的一面也被破坏了。

中国文化注重精神愉悦，注重道德，这些无疑都是好的，但是西方文化来了之后，这些东西都没有了。新文化运动中，胡适和陈独秀等人极力提倡西方文化，高举科学与民主两面大旗，要以此代替中国文化，中国文化倒的确因此被代替了，但代替中国文化的并不是科学与民主，而是西方弱肉强食的丛林法则。

　　西方的这一套如今连西方人自己都排斥了，看现在西方出品的一些电影，主张弱肉强食的基本都是一些反面人物，最后不是被打死，就是被打得半死不活。倘使我们现在能客观地看待这一点，我们也不会赞同这种丛林法则，但是在清末民初，列强环顾，大家对这种丛林法则却都接受了。

　　西方的科学和民主至今在中国都没有实现，科学我们是喜欢的，特别是一些科学的产品，给我们带来了舒适、便捷和享受，大家都十分喜爱，但是科学的素质和科学的态度，那种理性与客观，却并没有在我们身上扎根生长。

　　看看如今社会的情况，我们的确应该承认，西方文化真正带给中国的，不是科学与民主，而是那套弱肉强食的丛林法则。中国文化中注重道德的部分被摧垮后,毫无顾忌地你争我夺就开始了,人们为了利益可以完全不顾别人,有毒食品、环境破坏、过度医疗等令人发指的事情越来越多。这并不是说,提倡西方文化不好,这只是表明了,不讲技巧地向中国引进西方文化,所带来的并非全部都是益处,破坏和混乱同样也会随之而来。

在晚清,辜鸿铭就已经预言这一点了。他意识到中国文化在走下坡路,盲目引进西方文化将带来文明的毁灭和社会的动荡,腐败将由此而滋生。最初曾国藩兴起的洋务运动,尚能重视道德部分,但是发展下去,情况显然令人担忧。后来李鸿章和袁世凯等人果然一个不如一个,西方的物质文明终于压垮了中国的道德精神。辜鸿铭的预言不幸成为了事实,但当时大家却都没重视他的话,只把他当作一个神经病看待,这真是非常可惜。

参考书籍

1.辜鸿铭著:《东方智慧:辜鸿铭随笔》,北京大学出版社,2010.

2.辜鸿铭著:《辜鸿铭讲论语》,北京理工大学出版社,2013.

3.辜鸿铭著:《辜鸿铭讲国学》,吉林人民出版社,2009.

4.宋炳辉主编:《辜鸿铭印象》,学林出版社,1997.

5.辜鸿铭著,李晨曦译:《中国人的精神》,上海生活·读书·新知三联书店,2010.

6.辜鸿铭著,杜川译:《中国人的精神2》,陕西师范大学出版社,2006.

7.姜克著:《辜鸿铭传》,安徽文艺出版社,1997.

8.宋书强著:《辜鸿铭》,云南教育出版社,2008.

9.孔庆茂著:《辜鸿铭评传》,百花文艺出版社,2010.

10.高彦颐著,苗延威译:《缠足:金莲崇拜盛极而衰的演变》,江苏人民出版社,2009.

11.施永南著:《纳妾纵横谈》,中国世界语出版社,1998.

12.程郁著:《纳妾:死而不僵的陋习》,上海古籍出版社,2007.

13.马勇著:《容忍历史不完美》,中华工商联合出版社,2013.

14.马勇著:《坦然面对历史的伤》,中华工商联合出版社,2013.

15.【美】费正清编:《剑桥中国晚清史(上)》,中国社会科学出版社,2007.

16.【美】费正清编:《剑桥中华民国史(下)》,中国社会科学出版社,2007.

17.谢放著:《中体西用之梦:张之洞传》,四川人民出版社,1995.

18.孟祥才著:《梁启超传》,北京出版社,1980.